BENEDETTO XVI

LUCE DEL MONDO

Il Papa, la Chiesa e i segni dei tempi

Una conversazione con
PETER SEEWALD

LIBRERIA EDITRICE VATICANA

Edizione italiana a cura di Pierluca Azzaro

I ristampa novembre 2010
II ristampa dicembre 2010
III ristampa gennaio 2011

ISBN 978-88-209-8458-8

www.libreriaeditricevaticana.com

Lo stolto pensa: "Dio non c'è".
Sono corrotti, fanno cose abominevoli:
non c'è chi agisca bene.

Dio dal cielo si china sui figli dell'uomo
per vedere se c'è un uomo saggio,
uno che cerchi Dio.

Sono tutti traviati, tutti corrotti;
non c'è chi agisca bene, neppure uno.

Non impareranno dunque tutti i malfattori
che divorano il mio popolo come il pane
e non invocano Dio?

Salmo 53, 1-5

PREMESSA

Castel Gandolfo, in estate. La via che porta alla residenza del Papa è fatta di solitarie strade di campagna. Il grano sui campi si dondola sospinto da un vento leggero, e nell'albergo nel quale ho riservato una stanza danza una gioiosa compagnia, festeggiando un matrimonio. Il lago a fondovalle sembra calmo e sereno, grande e blu come il mare.

Quando era Prefetto della Congregazione per la Dottrina della Fede, Ratzinger mi aveva offerto due volte l'opportunità di intervistarlo nell'arco di più giorni. La Chiesa non deve nascondersi, questo era il suo atteggiamento, la fede deve essere spiegata; e può essere spiegata, perché è ragionevole. Mi fece l'impressione di un uomo giovane e moderno, non uno che passa il tempo a girarsi i pollici, ma uno che audacemente osa, che rimane curioso. Un maestro sicuro, ma anche scomodo, perché vede che stiamo smarrendo cose alle quali in realtà non possiamo rinunciare.

A Castel Gandolfo le cose erano un po' diverse. Un cardinale è un cardinale, il Papa è il Papa. Mai prima d'ora nella storia della Chiesa un Romano Pontefice si era concesso ad un'intervista personale e diretta. Già il solo fatto di questa conversazione costituisce un nuovo, importante segno. Benedetto XVI aveva acconsentito a rendersi disponibile durante la pausa estiva, dal lunedì al sabato dell'ultima settimana di luglio, per un'ora al giorno. Quanto aperte saranno le sue risposte? Che giudizio darà del lavoro che ha svolto sino ad oggi? E cos'è che ha ancora in animo di fare?

Fitte nubi si erano addensate sulla Chiesa Cattolica. Lo scandalo degli abusi sessuali aveva allungato la sua ombra sul Pontificato di Benedetto. Mi interessavano le cause di quelle cose, come affrontarle, ma anche le brucianti preoccupazioni del Papa per un decennio, il prossimo, che gli scienziati dicono essere decisivo per il futuro dell'intero pianeta.

La crisi della Chiesa, la crisi della società. Un rapporto c'è. Ai cristiani è stato rinfacciato che la loro religione è un mondo immaginario. Ma oggi non ne riconosciamo forse di assolutamente diversi, di veri e propri mondi immaginari? Il mondo falso dei mercati finanziari, dei *media*, del lusso e delle mode? Non stiamo dolorosamente sperimentando come una modernità che ha smarrito i suoi criteri di valore rischia di affondare nel vuoto? C'è un sistema bancario che ha distrutto patrimoni di interi popoli. C'è un'esistenza vissuta ad alta velocità che letteralmente ci fa ammalare. Ci sono le tante questioni che pone l'universo di *internet* e per le quali ancora non abbiamo risposte. Verso dove stiamo andando, in realtà? Ci è lecito fare tutto quello che siamo in grado di fare?

E se guardiamo al futuro, come risolverà la prossima generazione i problemi che noi le stiamo lasciando? L'abbiamo preparata ed addestrata a sufficienza? Possiede un fondamento che dà forza e sicurezza per superare anche tempi burrascosi?

La domanda è anche questa: se in Occidente il Cristianesimo perde la forza con la quale plasma la società, chi o cosa prende il suo posto? Una "società civile" a-religiosa che non tollera più alcun riferimento a Dio nella propria costituzione? Un ateismo radicale, che con veemenza combatte i valori della cultura cristiano-giudaica?

Ogni epoca ha conosciuto il tentativo di affermare che Dio è morto; di volgersi a ciò che apparentemente è concreto, foss'anche ai vitelli d'oro. La Bibbia è piena di storie simili. All'origine di questo c'è più l'azione delle forze della tentazione che non una perdita di attrattiva della fede. Ma poi dove va una società lontana da Dio, priva di Dio? Nel XX secolo appena trascorso l'Oriente e l'Occidente non hanno fatto esattamente questo esperimento, con le sue terribili conseguenze su interi popoli distrutti, con le ciminiere nei campi di concentramento ed i *gulag* assassini?

Il direttore della Residenza papale, un gentile anziano signore, mi conduce attraverso una serie di stanze che sembra infinita. Ha conosciuto Giovanni XXIII e tutti i suoi successori, mi sussurra; questo è un Papa fuori dal comune, incredibilmente laborioso.

Attendiamo nell'anticamera, grande come un maneggio al coperto. Poco dopo si apre una porta. Ed ecco il Papa, figura non massiccia che mi porge la sua mano. Le forze sono diminuite, mi dice salutandomi, quasi a volersi scusare. Ma non riesco a scorgere traccia degli strapazzi dovuti al suo ufficio, nulla della perdita del vigore di quest'uomo o addirittura del suo carisma. Al contrario.

Da cardinale Ratzinger metteva in guardia dalla perdita di identità, di orientamento, di verità, qualora un nuovo paganesimo avesse dominato il pensare e l'agire degli uomini. Criticava una "società dell'avidità" che spera sempre meno e non osa più credere. Era necessario sviluppare una nuova sensibilità per la creazione, contrapporsi in modo deciso alle forze della distruzione.

Nulla è cambiato. Dalla sua Chiesa il Papa desidera che, dopo i tremendi casi di abusi sessuali e lo smarrimento, si sottoponga ad una sorta di profondo lavacro. Dopo così tante discussioni senza frutto ed un paralizzante occuparsi di se stessa è assolutamente necessario conoscere di nuovo il mistero del Vangelo, Gesù Cristo in tutta la sua grandezza cosmica. La crisi della Chiesa offre in realtà una possibilità enorme, la riscoperta di ciò che è autenticamente cattolico. Il compito è questo: mostrare Dio agli uomini, dire loro la verità; la verità sull'esistenza umana; e la verità sulla nostra speranza che si eleva su ciò che è puramente terreno.

Non dovremmo rabbrividire da tempo alla vista di quello che abbiamo fatto? La catastrofe ecologica continua senza fermarsi. Il declino della civiltà assume forme preoccupanti. Con la manipolazione medico-tecnica della vita, un tempo ritenuta sacra, si infrangono gli ultimi tabù.

Ma allo stesso tempo ci prende una nostalgia per un mondo affidabile e credibile, che sentiamo familiare, un mondo umano, un mondo che nel nostro piccolo ci protegge e ci rende accessibili le cose grandi. Una situazione dagli effetti così tremendi non ci costringe ora a tornare a riflettere su alcune cose fondamentali? Da dove veniamo? Dove andiamo? A porci quelle domande apparentemente banali, ma che ardono senza consumarsi nel cuore di ognuno, che nessuna generazione può eludere? Le domande sul senso della vita. Sulla fine del mondo. Sul ritorno di Cristo, come è annunciato dal Vangelo.

Sei ore di intervista al Papa è un lasso di tempo enorme, ma d'altro canto sei ore sono anche molto poche. Non sono molte le domande che è stato possibile porre e molte non le si è potute approfondire. Autorizzando la pubblicazione del testo, il Papa non ha modificato la parola pronunciata ma apportato solo piccole correzioni, lì dove ha ritenuto necessarie alcune precisazioni a vantaggio dell'esattezza.

Alla fine il messaggio di Benedetto XVI si configura come un appello drammatico alla Chiesa, al mondo e a ciascuno di noi: è impossibile continuare sulla strada percorsa fino ad ora, esclama. L'umanità si trova ad un bivio. È tempo di tornare in sé. È tempo di cambiamento. È tempo di conversione. E con incrollabile fermezza afferma: "Ci sono così tanti problemi, e tutti devono essere risolti, ma non lo saranno se al centro non c'è Dio e diviene nuovamente visibile nel mondo".

In questa domanda "se Dio c'è – il Dio di Gesù Cristo – e viene riconosciuto, oppure se scompare", oggi "in questa situazione drammatica, si decide il destino del mondo".

Per lo stile di vita oggi dominante le posizioni difese dalla Chiesa Cattolica sono divenute una provocazione insopportabile. Ci siamo abituati ad abbandonare punti di vista sperimentati e tradizionali per tendenze a buon mercato. Ma l'epoca del relativismo, di un'ideologia "che non riconosce nulla come definitivo e che lascia come misura ultima solo il proprio io e le sue voglie", così crede il Papa, si avvicina alla sua fine. In ogni caso oggi è in aumento il numero di coloro che di questa Chiesa amano non solo la sua liturgia ma anche il suo saper opporre resistenza; dopo tanti "facciamo finta che" diviene sempre più evidente quella trasformazione della coscienza per la quale si prende di nuovo sul serio la testimonianza cristiana e si vive in modo autentico la propria religione.

Il Papa. Mi è stato chiesto "che effetto fa sedergli improvvisamente di fronte"; e mi è venuto in mente Émile Zola, che in uno dei suoi romanzi descrive un sacerdote, tremante sino quasi alla paralisi, che attende di essere ricevuto da Papa Leone XIII. Ma con Benedetto XVI non si deve avere paura. Mette assolutamente a proprio agio il suo ospite. In certo senso non è un Principe della Chiesa, ma un servitore della Chiesa, un magnanimo, che nel dare si consuma totalmente.

A volte guarda in modo un po' scettico. Così, da sopra gli occhiali. E quando lo si ascolta, sedendogli a fianco, si percepisce non solo la precisione del suo pensare e la speranza che zampilla dalla fede, ma diviene visibile in modo particolare quel brillare della luce del mondo, lo sguardo di Cristo, che desidera incontrare ogni uomo e che non esclude nessuno.

PETER SEEWALD

Monaco, 15 ottobre 2010

Parte I

I SEGNI DEI TEMPI

1

I PAPI NON CADONO DAL CIELO

Santo Padre, il 16 aprile 2005, nel giorno del suo 78esimo compleanno, Lei comunicava ai suoi collaboratori quanto pregustasse il suo pensionamento. Tre giorni dopo, si ritrovò ad essere il Capo della Chiesa universale che conta 1,2 miliardi di fedeli. Non è propriamente il compito che ci si riserva per la vecchiaia.

Veramente, avevo sperato di trovare finalmente pace e tranquillità. Il fatto di trovarmi all'improvviso di fronte a questo compito immenso è stato per me, come tutti sanno, un vero *shock*. La responsabilità, infatti, è enorme.

C'è stato un momento del quale più tardi Lei ha detto di avere avuto l'impressione di sentire una "mannaia" calarLe addosso.

Sì, in effetti il pensiero della ghigliottina mi è venuto: ecco, ora cade e ti colpisce. Ero sicurissimo che questo incarico non sarebbe stato destinato a me, ma che Dio, dopo tanti anni faticosi, mi avrebbe concesso un po' di pace e di tranquillità. L'unica cosa che sono riuscito a dire, a chiarire a me stesso è stata: "Evidentemente, la volontà di Dio è diversa, e per me inizia qualcosa di completamente diverso, una cosa nuova. Ma Lui sarà con me".

Nella cosiddetta "Stanza del pianto", fin dall'inizio del Conclave, per il futuro Papa sono pronte tre vesti: una lunga, una corta e una media. Cosa ha pensato in quella stanza della quale si dice che in essa più di un Pontefice neo eletto sia crollato? È lì che forse al più tardi ci si chiede ancora una volta: perché io? Cosa vuole Dio da me?

In realtà, in quei momenti si è presi da questioni molto pratiche, esteriori: innanzitutto come aggiustarsi la veste e cose simili. Sapevo inoltre che di lì a poco, dalla Loggia centrale, avrei dovuto pronunciare qualche parola, ed ho iniziato a pensare: "Cosa potrei dire?". Per il resto, già dal momento in cui la scelta è caduta su di me, sono stato capace soltanto di dire questo: "Signore, cosa mi stai facendo? Ora la responsabilità è tua. Tu mi devi condurre! Io non ne sono capace. Se tu mi hai voluto, ora devi anche aiutarmi!".

In questo senso mi sono trovato, per così dire, in un dialogo molto stringente con il Signore, per dirgli che se faceva una cosa, allora doveva fare anche l'altra.

Giovanni Paolo II l'aveva voluta come successore?

Non lo so. Credo che avesse messo tutto nelle mani di Dio.

Comunque non ha mai permesso che Lei lasciasse il Suo incarico. Fatto, questo, che si potrebbe interpretare come un argumentum e silentio, *un tacito consenso per il candidato preferito ...*

Ha voluto mantenermi nel mio incarico, è evidente. Mentre si avvicinava il mio 75esimo compleanno, il raggiungimento del limite di età in cui si rassegnano le dimissioni, mi disse: "Non è nemmeno necessario che Lei scriva la lettera, perché io La voglio con me sino alla fine". Questa è stata la benevolenza grande e immeritata che egli ha avuto nei miei confronti sin dall'inizio. Aveva letto il mio libro *Introduzione al Cristianesimo*. Per lui, evidentemente, una lettura importante. Appena diventato Papa, si era ripromesso di farmi venire a Roma come Prefetto della Congregazione per la Dottrina della Fede. Aveva riposto in me una fiducia grande, affettuosa, profonda; come se fosse per così dire la garanzia che in materia di fede stessimo seguendo la strada giusta.

Lei ha fatto visita a Giovanni Paolo II ancora sul suo letto di morte. Quella sera, tornò di fretta da una conferenza a

Subiaco, nella quale aveva parlato de "L'Europa di Benedetto nella crisi delle culture". Quali sono state le ultime parole che il Papa morente Le ha rivolto?

Era molto sofferente, eppure molto lucido. Ma non ha detto più nulla. Gli ho chiesto la benedizione, che mi ha dato. Ecco, ci siamo lasciati stringendoci le mani con affetto, nella consapevolezza che sarebbe stato il nostro ultimo incontro.

Lei non voleva diventare vescovo, non voleva diventare prefetto, non voleva diventare Papa. Non si prova forse un po' di sgomento al pensiero delle cose che sempre di nuovo ci capitano contro la nostra volontà?

Il fatto è questo: quando al momento dell'ordinazione sacerdotale si dice "sì", si può di certo avere un'idea di quello che potrebbe essere il proprio carisma, ma si sa anche questo: "Mi sono rimesso nelle mani del vescovo e, in fin dei conti, nelle mani del Signore. Non posso scegliere quello che voglio. Alla fine, devo lasciarmi guidare".

In realtà, pensavo che il mio carisma fosse di fare il professore di teologia, e fui molto felice quando questo mio sogno si realizzò. Ma per me era anche molto chiara questa cosa: "Sono nelle mani del Signore e devo mettere nel conto pure cose che non avrò voluto". In questo senso, sicuramente è stata una continua sorpresa l'essere "strappato via" da dove si era e non poter più seguire la propria strada.

Ma, come ho detto, in quel "sì" fondamentale era anche compreso questo: "Sono a disposizione del Signore e forse un giorno dovrò fare anche cose che non vorrei fare".

Lei oggi è il Papa più potente di tutti i tempi. Mai prima d'ora la Chiesa Cattolica ha avuto tanti fedeli, mai un'estensione simile, letteralmente fino ai confini della terra.

Sono statistiche che certo hanno la loro importanza. Mostrano quanto la Chiesa sia vasta, quanto ampia sia in realtà questa comunità che abbraccia razze e popoli, continenti, culture e persone di ogni genere. Ma il potere del Papa non è in questi numeri.

Perché no?

La comunione con il Papa è di tipo diverso, e naturalmente anche l'appartenenza alla Chiesa. Tra quel miliardo e 200 milioni di persone ce ne sono molte che poi in realtà nel loro intimo non ne fanno parte. Già ai suoi tempi, sant'Agostino diceva: molti che sembrano stare dentro, sono fuori; e molti che sembrano stare fuori, sono dentro. In una questione come la fede e l'appartenenza alla Chiesa Cattolica, il dentro e il fuori sono intrecciati misteriosamente. Stalin aveva effettivamente ragione quando diceva che il Papa non ha divisioni e non può intimare o imporre nulla. Non possiede nemmeno una grande impresa, nella quale, per così dire, tutti i fedeli della Chiesa sarebbero suoi dipendenti o subalterni.

In questo senso, da un lato il Papa è una persona assolutamente impotente. Dall'altro ha una grande responsabilità. Egli è, in un certo senso, il capo, il rappresentante e allo stesso tempo il responsabile del fatto che quella fede che tiene uniti gli uomini sia creduta, che rimanga viva e che rimanga integra nella sua identità. Ma unicamente il Signore ha il potere di conservare gli uomini nella fede.

Per la Chiesa Cattolica il Papa è il Vicarius Christi, *il rappresentante di Cristo in terra. Ma Lei veramente può parlare a nome di Gesù?*

Nell'annuncio della fede e nell'amministrazione dei sacramenti, ogni sacerdote parla su mandato di Gesù Cristo, per Gesù Cristo. Cristo ha affidato la sua Parola alla Chiesa. Questa Parola vive nella Chiesa. E se nel mio intimo accolgo e vivo la fede di questa Chiesa, se parlo e penso a partire da questa fede, allora quando annuncio Lui parlo per Lui, anche se è chiaro che nel dettaglio possono sempre esserci delle insufficienze, delle debolezze. Quel che conta è che io non esponga le *mie* idee, ma cerchi di pensare e di vivere la fede della Chiesa, di agire su Suo mandato in modo obbediente.

Il Papa è veramente "infallibile", nel senso in cui a volte lo presentano i mass media*? È cioè un sovrano assoluto il cui pensiero e la cui volontà sono legge?*

Questo è sbagliato. Il concetto dell'infallibilità è andato sviluppandosi nel corso dei secoli. Esso è nato di fronte alla questione se esistesse da qualche parte un ultimo organo, un ultimo grado che potesse decidere. Il Concilio Vaticano I – rifacendosi ad una lunga tradizione che risaliva alla cristianità primitiva – alla fine ha stabilito che una decisione ultima esiste. Non rimane tutto sospeso! In determinate circostanze e a determinate condizioni, il Papa può prendere decisioni in ultimo vincolanti, grazie alle quali diviene chiaro cosa è la fede della Chiesa, e cosa non è.

Il che non significa che il Papa possa di continuo produrre "infallibilità". Normalmente, il Vescovo di Roma agisce come qualsiasi altro vescovo che professa la propria fede, la annuncia ed è fedele alla Chiesa. Solo in determinate condizioni, quando la tradizione è chiara ed egli sa che in quel momento non agisce arbitrariamente, allora il Papa può dire: "Questa determinata cosa è fede della Chiesa e la negazione di essa non è fede della Chiesa". In questo senso il Concilio Vaticano I ha definito la facoltà della decisione ultima: affinché la fede potesse conservare il suo carattere vincolante.

Il ministero petrino – così Lei spiegava – garantisce la concordanza con la verità e con la tradizione autentica. La comunione con il Papa è presupposto per l'ortodossia e per la libertà. Sant'Agostino aveva espresso questa idea così: dove c'è Pietro, c'è la Chiesa, e lì c'è anche Dio. Ma è un'espressione che viene da altri tempi, oggi non è più necessariamente valida.

In realtà l'espressione non è formulata in questi termini e non è di Agostino, ma ora non è questo il punto. In ogni caso si tratta di un assioma antico della Chiesa Cattolica: dove c'è Pietro, c'è la Chiesa. Ovviamente il Papa può avere opinioni personali sbagliate. Ma come detto: quando parla come Pastore Supremo della Chiesa, nella consapevolezza della sua responsabilità, allora non esprime più la sua opinione, quello che gli passa per la mente in quell'istante. In quel momento egli è consapevole della sua grande responsabilità e, al tempo stesso, della protezione del Signore; sa di non condurre, con una siffatta decisione, la Chiesa nell'errore, ma di garantire la sua unione con il passato, il presente ed il futuro e soprattutto con il Signore. Questo è il nocciolo della faccenda e questo è quello che percepiscono anche le altre comunità cristiane.

Durante un simposio svoltosi nel 1977 in occasione dell'80esimo compleanno di Paolo VI, Lei tenne una relazione su cosa e come dovrebbe essere un Papa. Citando il cardinale inglese Reginald Pole, disse che un Papa dovrebbe "considerarsi e comportarsi come il più piccolo degli uomini"; che dovrebbe ammettere "di non conoscere altro se non quell'unica cosa che gli è stata insegnata da Dio Padre attraverso Cristo". Vicarius Christi, *diceva, significa rendere presente il potere di Cristo come contrafforte al potere del mondo. E questo non sotto forma di qualsivoglia dominio, ma piuttosto portando questo peso sovrumano sulle proprie spalle umane. In questo senso, il luogo autentico del* Vicarius Christi *è la Croce.*

Sì, anche oggi ritengo che questo sia vero. Il Primato si è sviluppato fin dall'inizio come primato del martirio. Nei primi tre secoli, Roma è stata fulcro e capitale delle persecuzioni dei cristiani. Tenere testa a queste persecuzioni e rendere testimonianza a Cristo fu il compito particolare della sede episcopale di Roma.

Possiamo considerare provvidenziale il fatto che, nel momento stesso in cui il Cristianesimo si riappacificò con lo Stato, l'impero si trasferisse a Costantinopoli, sul Bosforo. Roma, per così dire, era divenuta provincia. Così fu più facile per il Vescovo di Roma evidenziare l'indipendenza della Chiesa, la sua distinzione dallo Stato. Non è necessario cercare sempre lo scontro, è chiaro, quanto piuttosto mirare al consenso, all'accordo. Ma sempre la Chiesa, il cristiano, e soprattutto il Papa deve essere preparato al fatto che la testimonianza che deve rendere possa divenire scandalo, che non venga accettata e che quindi egli si trovi costretto nella condizione del testimone, di Cristo sofferente.

Il fatto che i primi Papi siano stati tutti martiri, ha il suo significato. Essere Papa non significa porsi come un sovrano colmo di gloria, quanto piuttosto rendere testimonianza a Colui che è stato crocifisso, ed essere disposto ad esercitare il proprio ministero anche in questa forma, in unione a Lui.

Però ci sono stati anche Papi che hanno detto: il Signore ci ha dato questo ministero, ora vogliamo godercelo.

Sì, anche questo fa parte del mistero della storia dei Papi.

La disponibilità cristiana ad essere segno di contraddizione è il filo conduttore della Sua biografia. Ha inizio nella Sua casa paterna, dove l'opposizione ad un sistema ateistico fu intesa come segno di un'esistenza cristiana. In seminario è al suo fianco un rettore che era stato internato nel campo di concentramento di Dachau. Poi inizia il suo ministero sacerdotale in una comunità parrocchiale di Monaco di Baviera in cui i Suoi due predecessori erano stati giustiziati dai nazisti in quanto oppositori del regime. Durante il Concilio, Lei non approva le direttive troppo rigide della Chiesa. Da vescovo, mette in guardia dai pericoli della società del benessere. Da cardinale, si oppone alla trasformazione del nucleo cristiano ad opera di correnti estranee alla fede.

Questi tratti di fondo influiscono anche sull'impostazione del Suo Pontificato?

Una lunga esperienza naturalmente forma anche il carattere, forgia il pensiero e l'azione. Ovviamente, non sono stato sempre "contro" per principio. Ci sono state anche molte belle circostanze di condivisione. Pensando all'epoca in cui ero cappellano, già nelle famiglie si percepiva la nascita del mondo secolarizzato, eppure c'era talmente tanta gioia nel vivere la fede comune – a scuola, con i bambini, con i giovani – che io da quella gioia mi sentivo letteralmente trasportato. E così è stato anche quando ero professore.

Tutta la mia vita è sempre stata attraversata da un filo conduttore, questo: il Cristianesimo dà gioia, allarga gli orizzonti. In definitiva un'esistenza vissuta sempre e soltanto "contro" sarebbe insopportabile.

Ma allo stesso tempo ho sempre avuto presente, anche se in misura diversa, che il Vangelo si trova in opposizione a costellazioni potenti. Nella mia infanzia e nella mia adolescenza, fino alla fine della guerra, ovviamente questo è stato evidente in modo particolare. A partire dal 1968, la fede cristiana è poi entrata in contrasto con un nuovo progetto di società e ha dovuto fronteggiare idee ostentate con prepotenza. Sopportare attacchi ed opporre resistenza quindi è un elemento ineliminabile; è una resistenza, però, tesa a mettere in luce ciò che vi è di positivo.

*Stando all'*Annuario Pontificio*, nel solo 2009 Lei ha eretto nove nuove diocesi, una prefettura apostolica, due sedi metropolitane e tre vicariati apostolici. Il numero dei cattolici è quindi aumentato ulteriormente di 17 milioni di unità, quanto gli abitanti della Grecia e della Svizzera messi insieme. Nelle quasi 3000 diocesi, ha nominato 169 nuovi vescovi. Poi ci sono le udienze, le omelie, i viaggi, e le tante decisioni da prendere. Ma nonostante tutto questo Lei ha anche scritto una grande opera su Gesù, il cui secondo volume sarà pubblicato a breve. Lei oggi ha 83 anni: da dove prende tutta questa forza?*

Innanzitutto devo dire che tutto quello che Lei ha elencato è segno di quanto sia viva la Chiesa. Osservandola soltanto dal punto di vista dell'Europa, sembrerebbe in declino. Ma è solo una parte dell'insieme. In altri luoghi della terra, la Chiesa cresce ed è viva, è molto dinamica. Negli ultimi anni, il numero dei nuovi sacerdoti è aumentato in tutto il mondo, e anche il numero dei seminaristi. Nel continente europeo, sperimentiamo soltanto un determinato aspetto e non anche la grande dinamica del risveglio che in altre parti esiste veramente e che incontro continuamente nei miei viaggi e tramite le visite dei vescovi.

È vero che in realtà questo è uno sforzo quasi eccessivo per un uomo di 83 anni. Ringraziando Iddio, ci sono tanti bravi collaboratori. Tutto viene ideato e realizzato in uno sforzo comune. Confido nel fatto che il buon Dio mi dà la forza di cui ho bisogno per fare quello che è necessario. Però mi accorgo anche che le forze vanno diminuendo.

In ogni caso si ha l'impressione che il Papa possa darci ancora qualche lezione di fitness.

(Il Papa ride) Non credo. Naturalmente bisogna disporre in modo saggio del proprio tempo. E stare attenti a riservarsene a sufficienza per il riposo, affinché poi, nei momenti in cui si è necessari, si possa essere veramente ben presenti. In poche parole: rispettare con disciplina i ritmi della giornata e sapere quali sono i momenti per i quali è necessario risparmiare le energie.

Usa la cyclette *che Le aveva prescritto il suo precedente medico personale, il dr. Buzzonetti?*

No, non ne ho proprio il tempo, e ringraziando Iddio, in questo momento nemmeno mi serve!

Quindi, il Papa è come Churchill: no sports!

Esatto!

Dalla Seconda Loggia del Palazzo Apostolico, dove si svolgono le udienze, Lei normalmente si ritira intorno alle 18, per proseguire ancora con le cosiddette "udienze di tabella", quelle con i Suoi più importanti collaboratori.

Dalle 20.45 in poi il Papa è, come si dice, "in privato". Cosa fa un Papa nel tempo libero, ammesso che ne abbia?

Cosa fa? Intanto, anche nel tempo libero deve esaminare documenti e leggere atti. Rimane sempre tanto lavoro da fare. Poi con la famiglia pontificia – quattro donne della comunità dei *Memores Domini* e i due segretari — ci sono i pasti in comune, e questi sono momenti di distensione.

Guardate insieme la televisione?

Guardo il notiziario insieme ai miei segretari, e qualche volta anche un *dvd*.

Quali film Le piacciono?

C'è un film molto bello su santa Giuseppina Bakhita, una donna africana, che abbiamo visto recentemente. Poi ci piace Don Camillo e Peppone....

Immagino che conosca a memoria ogni episodio.

(Il Papa ride) Non tutti.

Dunque esiste anche un Papa "privato".

Certo. Insieme alla famiglia pontificia festeggiamo il Natale, nei giorni festivi ascoltiamo musica e conversiamo. Festeggiamo gli onomastici e a volte recitiamo insieme i vespri. Insomma, le feste le passiamo insieme. E poi, insieme ai pasti, in comune c'è soprattutto la Santa Messa del mattino. È un momento particolarmente importante nel quale a partire dal Signore siamo insieme in modo molto intenso.

Il Papa è sempre vestito di bianco. Non gli capita mai di indossare nel tempo libero un pullover al posto della sottana?

No. È un lascito del secondo segretario di Giovanni Paolo II, mons. Mieczysław Mokrzycki, che mi disse: "Il Papa ha *sempre* indossato la sottana, dovrà farlo anche Lei".

I romani rimasero di stucco quando, poco dopo la Sua elezione a 264esimo Successore di Pietro, sotto il Suo ex-appartamento videro sostare un camion pronto per effettuare il trasloco delle Sue cose personali nel Suo nuovo appartamento in Vaticano. Ha arredato l'appartamento pontificio con i Suoi mobili usati?

Sicuramente il mio studio. Era importante per me poter avere il mio studio così come era divenuto nel corso degli anni. Nel 1954 ho comprato la scrivania, poi le prime librerie. Con il passare del tempo il tutto si è ingrandito. Lì dentro ci sono tutti i miei libri, del mio studio conosco ogni angolo e ogni cosa ha la sua storia. Lo studio quindi me lo sono portato al completo. Le altre stanze sono state arredate con il mobilio pontificio.

Qualcuno ha scoperto che Le piacciono gli orologi che durano nel tempo. Lei indossa un orologio Junghans *degli anni Sessanta o Settanta.*

Era di mia sorella, me l'ha lasciato lei. Quando morì, l'orologio passò a me.

Un Papa non ha un proprio portafoglio, figurarsi un proprio conto corrente: è vero?

Sì, è vero.

Ma almeno riceve maggiori aiuti e consolazioni "dall'alto" rispetto, diciamo, ai comuni mortali?

Non solo dall'alto. Ricevo tantissime lettere di persone semplici, di suore, di mamme, di papà, di bambini, in cui mi fanno coraggio. Scrivono: "Noi preghiamo per te, non avere paura, ti vogliamo bene". E allegano anche doni in denaro e piccoli regali ...

Il Papa riceve doni in denaro?

Si, ma non sono destinati a me personalmente ma inviati perché io possa aiutare gli altri. Mi commuove molto il fatto che persone semplici mi mandino qualche soldo dicendo: "So che Lei ha tante persone da aiutare, voglio contribuire un poco anch'io". In questo senso arrivano consolazioni di ogni genere. Ci sono anche le udienze generali del mercoledì, con i singoli incontri. I vecchi amici mi scrivono, a volte vengono a trovarmi, anche se ormai diventa sempre più difficile. E siccome percepisco sempre anche la consolazione "dall'alto" – quando prego sento la vicinanza del Signore o quando leggo i Padri della Chiesa risplende la bellezza della fede – faccio in realtà esperienza di un concerto intero di consolazioni.

La sua fede è cambiata da quando, come Supremo Pastore, Le è affidato il gregge di Cristo? A volte si ha l'impressione che la Sua fede in qualche modo sia diventata più misteriosa, più mistica.

Non sono un mistico. Ma è sicuramente vero che, da Papa, ci sono molte ragioni in più per pregare e per affidarsi completamente a Dio. Infatti mi rendo conto che quasi tutto quello che devo fare non potrei farlo da solo. E già solo per questo sono per così dire costretto a mettermi nelle mani del Signore e a dirgli: "Fallo tu, se lo vuoi!". In questo senso, la preghiera ed il contatto con Dio ora sono ancora più necessari, ma anche più naturali e spontanei di prima.

Detto in termini profani: esiste ora un Suo "rapporto privilegiato" con il Cielo, qualcosa di simile a grazie di diritto legate al Suo ministero?

Sì, a volte ho questa impressione. Nel senso che penso: "Ecco, ho potuto fare una cosa che non veniva da me. Ora mi affido a Te e mi accorgo che, sì, c'è un aiuto, succede qualcosa che non viene da me". In questo senso esiste l'esperienza della grazia del ministero.

Una volta Giovanni Paolo II raccontò che un bel giorno suo padre gli mise in mano un libro di preghiere con la "Preghiera allo Spirito Santo" invitandolo a recitarla ogni giorno. Con il passare del tempo, poi, comprese cosa significa quando Gesù dice che i veri adoratori di Dio sono coloro che lo adorano "in spirito e verità". Cosa vuol dire?

Questo punto nel Vangelo di Giovanni, al capitolo quarto, è la profezia di un'adorazione in cui non ci sarà più il tempio ma in cui si pregherà senza tempio esteriore, in comunione con lo Spirito Santo e con la verità del Vangelo, in comunione con Cristo; una profezia di quando non vi sarà più un tempio visibile, bensì la nuova comunione con il Signore risorto. E questo resta sempre importante, perché anche da un punto di vista della storia delle religioni rappresenta una grande svolta.

E Papa Benedetto, come prega?

Per quel che riguarda il Papa, anche lui è un povero mendicante davanti a Dio, ancora più degli altri uomini. Naturalmente prego innanzitutto sempre il Signore, al quale sono legato, per così dire, da antica amicizia. Ma invoco anche i santi. Sono molto amico di Agostino, di Bonaventura e di Tommaso d'Aquino. Anche a simili santi si dice: "Aiutatemi"! La Madre di Dio è sempre e comunque un grande punto di riferimento. In questo senso, mi inserisco nella Comunione dei Santi. Insieme a loro, rafforzato da loro, parlo poi anche con il buon Dio, soprattutto mendicando, ma anche ringraziando; o, semplicemente, contento.

2

LO SCANDALO DEGLI ABUSI

Il Pontificato di Benedetto XVI è iniziato con un'ondata di entusiasmo. "La sua elezione è una buona notizia", affermò persino il capo dei post-comunisti italiani, Massimo D'Alema. Diceva inoltre di avere "simpatia per persone con intelletto e cultura". Nel suo primo anno di Pontificato, il nuovo Papa raccoglie in Piazza San Pietro quasi quattro milioni di persone, il doppio rispetto al primo anno di Pontificato del suo predecessore. La sua prima Enciclica, solo in Italia, è venduta in più di tre milioni di copie. Alla Giornata mondiale della famiglia a Valencia, in Spagna, per pregare e festeggiare insieme al Papa accorre un milione di persone. E il consenso tiene. "A partire dall''habemus papam' del 19 aprile" – scriveva il settimanale tedesco "Der Spiegel" – "la simpatia dell'opinione pubblica per Benedetto XVI, alias Joseph Ratzinger, non è mai venuta meno".

Questo successo L'ha sorpresa, o forse addirittura spaventata?

In un certo senso sì. Ma sapevo una cosa: che non dipende da me. Diveniva evidente che la Chiesa è viva. La sofferenza e la morte di Giovanni Paolo II avevano coinvolto tutta la Chiesa, anzi l'umanità intera. Tutti ricordiamo Piazza San Pietro, tutta Roma in realtà, gremita di gente. Così, in un certo senso si creò una nuova consapevolezza per il Papa e la Chiesa, che ovviamente poi fece sorgere anche questa domanda: chi sarà il nuovo? Dopo questo grande Papa, come riuscirà il successore a suscitare il desiderio di ascoltarlo, di conoscerlo?

Esiste quindi anche una specie di vantaggio del nuovo, di uno stile diverso. E in questo senso ero grato e felice che tutto continuasse, che l'adesione fosse rimasta. Al contempo ero sorpreso di quanto fosse grande e viva. Ma ero ben consapevole del fatto che quell'adesione proveniva dalla profonda continuità con il Pontificato precedente e dalla permanente vitalità della Chiesa.

Per quattro anni Lei è "feliciter regnans", come recita un'antichissima formula, felicemente regnante. Il nuovo Papa allarga lo spazio liturgico con la riammissione della Messa tridentina. Nell'ambito dell'impegno ecumenico annuncia l'obbiettivo della piena unità con l'Ortodossia, al quale oggi la Chiesa è vicina come non lo era mai stata negli ultimi mille anni. Potrebbe essere membro dei "Verdi" per il suo atteggiamento contrario a coloro che peccano contro l'ambiente, contrario all'ingiustizia e alla guerra. Starebbe bene con quelli di sinistra quando fustiga il turbo-capitalismo e la forbice sempre più ampia tra ricchi e poveri. Si percepisce una rivitalizzazione della Chiesa, una nuova coscienza di sé. E Le riesce quello che, dopo un gigante come Wojtyła, nessuno avrebbe creduto possibile: il passaggio da un Pontificato all'altro senza fratture.

Questo naturalmente è stato un dono. È stato d'aiuto il fatto che tutti sapessero che Giovanni Paolo II mi voleva bene, che ci univa una profonda intesa e che veramente nei suoi confronti mi sento un debitore, il quale, con la sua modesta persona, cerca di portare avanti quello che, come un gigante, ha fatto Giovanni Paolo II.

È chiaro che, accanto a tutte quelle cose per cui suscitiamo contraddizioni e ci troviamo sotto il fuoco incrociato della critica, ci sono anche sempre temi che stanno a cuore al mondo intero e che il mondo accoglie con favore.

Il mio predecessore, in quanto grande antesignano della lotta per i diritti umani, per la pace e per la libertà, ha sempre trovato anche grande consenso. Sono temi tuttora validi. Soprattutto oggi il Papa ha il dovere di battersi ovunque per il rispetto dei diritti umani, come intima conseguenza della sua fede nel fatto che l'uomo è creato ad immagine e somiglianza di Dio e che ha una vocazione divina. Il Papa ha il dovere di lottare per la libertà, contro la violenza e contro le minacce di guerra. Dal profondo è obbligato a lottare per la conservazione del creato, ad opporsi alla sua distruzione.

Così vi sono *naturaliter* molti temi dai quali emerge per così dire la moralità della modernità. La modernità non consiste certo solo in negatività. Se così fosse, non potrebbe durare a lungo. Essa ha in sé grandi valori morali che vengono proprio anche dal Cristianesimo, che solo grazie al Cristianesimo sono entrati, come valori, nella coscienza dell'umanità. Là dove essi sono difesi – e devono essere difesi dal Papa – c'è adesione in aree molto vaste. E questo ci fa piacere. Ma questo non può farci dimenticare che ci sono altri argomenti che provocano contrasti.

A Monaco di Baviera, il teologo liberale Eugen Biser già La annovera "tra i Papi più significativi della storia". Con Benedetto XVI inizia una Chiesa nella quale Cristo, per mezzo dell'invito all'esperienza di Dio, "vive nel cuore degli uomini". Ma all'improvviso, il vento cambia. Ricordiamo la Sua omelia per l'inizio del Pontificato, il 24 aprile 2005, in cui disse: "Pregate per me, affinché non fugga intimorito davanti ai lupi". Aveva avuto il presentimento che questo Pontificato Le avrebbe riservato anche tratti di strada molto difficili?

L'avevo messo nel conto. Ma innanzitutto bisognerebbe essere molto cauti con la valutazione di un Papa, se sia significativo o meno, quando è ancora in vita. Solo in un secondo momento si può riconoscere quale posto, nella storia nel suo insieme, ha una determinata cosa o persona. Ma che l'adesione gioiosa non sarebbe potuta perdurare era evidente in considerazione dell'attuale costellazione mondiale, con tutte le grandi forze di distruzione che ci sono, con tutte le contraddizioni che in essa vivono, con tutte le minacce e gli errori. Se avessi continuato a ricevere soltanto consensi, avrei dovuto chiedermi se stessi veramente annunciando tutto il Vangelo.

La revoca della scomunica a quattro vescovi della "Fraternità San Pio X", nel gennaio 2009, rappresenta una prima rottura. Torneremo a parlarne ancora approfonditamente, anche degli strani retroscena di quell'episodio. D'improvviso, colui che sino ad allora era stato tanto elogiato, del quale si diceva che avesse scatenato una vera e propria "febbre da Benedetto", tutto d'un tratto diventa il "Papa senza fortuna", uno che si era messo contro mezzo mondo.

I commenti sono catastrofici. Di fronte ad una campagna mediatica contro il Papa senza paragone, il quotidiano "Neue Zürcher Zeitung" è spinto a parlare di "insipienza aggressiva" dei giornalisti. Il filosofo ebreo francese Bernard-Henry Lévy annota come ogni qual volta il discorso cada su Benedetto XVI, "la discussione è dominata da pregiudizi, da insincerità fino alla più completa disinformazione".

La revoca della scomunica è stata un errore?

Forse è il caso di fare qualche precisazione rispetto alla revoca della scomunica in sé; perché sono state diffuse moltissime sciocchezze, perfino da dotti teologi. Non è vero che quei quattro vescovi, come spesso si è voluto sottendere, erano scomunicati a causa del loro atteggiamento negativo nei confronti del Concilio Vaticano II. In realtà, erano scomunicati perché avevano ricevuto la consacrazione episcopale senza il mandato del Papa. E quindi si era proceduto secondo il relativo canone vigente, un canone già presente nell'antico Diritto canonico. In base ad esso, la scomunica viene inflitta a coloro che, senza mandato del Papa, conferiscono ad altri la consacrazione episcopale, ed anche a coloro che si lasciano consacrare. Erano quindi scomunicati perché avevano agito contro il Primato. Esiste una situazione analoga in Cina; anche lì sono stati consacrati dei vescovi senza il mandato del Papa e per questo non erano in piena comunione.

Ora, non appena uno di questi vescovi dichiara di riconoscere il Primato in generale, nonché quello del Pontefice regnante in particolare, la sua scomunica viene revocata perché non è più giustificata. Questo è quello che stiamo facendo in Cina – e speriamo in questo modo di riuscire pian piano a risolvere la scissione – e così abbiamo agito anche nei casi in questione. In breve: per il fatto stesso di essere stati consacrati senza il mandato del Papa erano scomunicati; e per il solo fatto di avere riconosciuto il Papa – anche se non lo seguono ancora in tutto – la loro scomunica è stata revocata.

In sé, è un processo giuridico assolutamente normale. Devo dire a tale proposito che su questo punto il nostro lavoro di comunicazione non è riuscito bene. Non è stato spiegato abbastanza perché questi vescovi fossero scomunicati e perché poi, già solo per ragioni giuridiche, quella scomunica dovesse essere revocata.

Nell'opinione pubblica nacque l'impressione che Roma trattasse con riguardo gruppi conservatori di destra, mentre riducesse subito al silenzio esponenti liberali e di sinistra.

Si è trattato semplicemente di una situazione giuridica molto chiara. Il Vaticano II non c'entrava assolutamente nulla; e nemmeno altre posizioni teologiche. Nel momento stesso in cui questi vescovi riconoscevano il Primato del Papa, giuridicamente dovevano essere liberati dalla scomunica; senza che per questo ottenessero incarichi nella Chiesa e senza che per ciò stesso fosse accettata la posizione da loro assunta nei riguardi del Concilio Vaticano II.

Non esiste un trattamento diverso a seconda che si tratti per così dire di gruppi di destra o di sinistra?

No. Tutti sono vincolati al medesimo Diritto canonico ed alla medesima fede, e tutti hanno le stesse libertà.

Sul caso Williamson torneremo a parlare abbondantemente.

Esattamente un anno dopo, nubi scurissime si addensano sulla Chiesa Cattolica. Come da una profonda voragine, emergono dal passato innumerevoli ed incredibili casi di abusi sessuali, commessi da sacerdoti e religiosi. Le nuvole gettano la loro ombra perfino sulla Sede di Pietro. Ora nessuno parla più di quel ruolo di autorità morale a livello mondiale che abitualmente viene riconosciuto al Papa. Quanto è grande questa crisi? È veramente, come a volte si è letto, una delle più grandi crisi nella storia della Chiesa?

Sì, è una crisi grande, bisogna dirlo. È stato sconvolgente per tutti noi. All'improvviso tutta quella sporcizia. È stato quasi come se il cratere di un vulcano avesse improvvisamente eruttato una grossa nube di sporcizia che insudiciava e rabbuiava tutto, cosicché soprattutto il sacerdozio improvvisamente appariva come un luogo della vergogna ed ogni sacerdote era sospettato di essere "uno di quelli". Alcuni sacerdoti dissero che non avevano il coraggio di prendere per mano un bambino, per non parlare di accompagnarli nei campi estivi.

La cosa non mi ha colto del tutto di sorpresa. Già alla Congregazione per la Dottrina della Fede mi ero occupato dei casi americani; avevo visto montare anche la situazione in Irlanda. Ma le dimensioni comunque furono uno *shock* enorme. Sin dalla mia elezione al Soglio di Pietro avevo ripetutamente incontrato vittime di abusi sessuali. Tre anni e mezzo prima, nell'ottobre 2006, in un discorso ai vescovi irlandesi avevo chiesto loro di portare alla luce la verità, di prendere tutte le misure atte ad evitare che in futuro si ripetano questi crimini abnormi, di assicurare che i principi di giustizia vengano pienamente rispettati e, soprattutto, di guarire le vittime.

Vedere il sacerdozio improvvisamente insudiciato in questo modo, e con ciò la stessa Chiesa Cattolica, nel più profondo, è stato veramente difficile da sopportare. Era però importante non perdere di vista anche il fatto che nella Chiesa il bene esiste, e non soltanto queste cose terribili.

I casi di abusi sessuali in ambito ecclesiale sono più gravi che altrove. Chi ha parametri più alti, deve saper corrispondere a richieste più elevate. Lei ricordava che già all'inizio di questo millennio si era a conoscenza di casi di abusi sessuali negli Stati Uniti. Con la pubblicazione del Rapporto Ryan, dal quale emerse l'enorme dimensione degli abusi sessuali in Irlanda, anche in questo Paese la Chiesa si trovò di fronte ad un mucchio di macerie. "Ci vorranno generazioni – disse il sacerdote irlandese Vincent Twomey – per rimediare".

In Irlanda il problema si pone in termini del tutto particolari. Si tratta, per così dire, di una società cattolica compatta che è rimasta salda nella sua fede nonostante secoli di oppressione, nella quale però evidentemente hanno potuto svilupparsi determinati atteggiamenti. Non posso analizzare qui la questione nei particolari. È molto sconvolgente ed opprimente vedere ridotto in una situazione simile un Paese che ha donato al mondo così tanti missionari, così tanti santi, un Paese che nella storia missionaria è all'origine anche della nostra fede in Germania; e soprattutto per gli stessi cattolici d'Irlanda, dove come prima continuano ad esserci bravi sacerdoti.

Come tutto questo sia potuto accadere, dobbiamo studiarlo approfonditamente e al tempo stesso vedere cosa fare, affinché questo non abbia ad accadere mai più.

Lei ha ragione: è un peccato molto grave se una persona che in realtà dovrebbe aiutare gli uomini a trovare la strada verso Dio, alla quale si affida un bambino, un adolescente per trovare il Signore, invece abusa di lui e lo allontana dal Signore. Così la fede come tale diviene non più credibile, la Chiesa non può più proporsi in maniera convincente come annunciatrice del Signore. Tutto questo ci ha sconvolti, mi scuote ancora oggi nell'intimo. Il Signore, però, ci ha anche detto che insieme al grano c'è l'erba cattiva, ma che nonostante questo la semina, la Sua semina, il grano buono che Lui ha seminato, continuerà a crescere. In questo noi confidiamo.

Non è soltanto l'abuso in sé a sconvolgere, ma anche il modo in cui è stato gestito. Quelle azioni sono state sottaciute e nascoste per decenni. È una dichiarazione di fallimento per un'istituzione che sul suo vessillo ha scritto la parola amore.

È interessante, a questo proposito, quello che mi ha detto l'arcivescovo di Dublino. Diceva che il Diritto penale canonico sino alla fine degli anni Cinquanta ha funzionato; certo, non era perfetto – in molti punti lo si potrebbe criticare – ma in ogni caso veniva applicato. A partire dalla metà degli anni Sessanta semplicemente non è stato più applicato. Dominava la convinzione che la Chiesa non dovesse essere una Chiesa del diritto, ma una Chiesa dell'amore; che non dovesse punire. Si spense in tal modo la consapevolezza che la punizione può essere un atto d'amore.

In quell'epoca anche persone molto valide hanno subito uno strano oscuramento del pensiero.

Oggi dobbiamo imparare nuovamente che l'amore per il peccatore e l'amore per la vittima stanno nel giusto equilibrio per il fatto che io punisco il peccatore nella forma possibile ed appropriata. In questo senso nel passato c'è stata un'alterazione della coscienza per cui è subentrato un oscuramento del diritto e della necessità della pena. Ed in fin dei conti anche un restringimento del concetto di amore, che non è soltanto gentilezza e cortesia, ma che è amore nella verità. E della verità fa parte anche il fatto che devo punire chi ha peccato contro il vero amore.

In Germania, la valanga degli abusi sessuali ha iniziato a rotolare perché a quel punto la Chiesa stessa si rivolse all'opinione pubblica. Un collegio gesuita di Berlino denunciò i primi casi, ma ben presto divennero noti altri crimini relativi anche ad altre istituzioni, e non soltanto cattoliche.

E tuttavia, Le chiedo, perché le rivelazioni in America ed in Irlanda non hanno fornito lo spunto per fare subito indagini anche negli altri Paesi, per mettersi in contatto con le vittime, anche in modo tale da rendere inoffensivi quelli che probabilmente continuavano a compiere quei misfatti?

Al fenomeno in America abbiamo reagito immediatamente con disposizioni nuove e più severe. Inoltre, è stata migliorata la collaborazione tra giustizia civile ed ecclesiastica. Roma avrebbe dovuto chiedere specificatamente a tutti i Paesi: "Verificate se accade anche da voi"? Forse avremmo dovuto farlo. Per me in ogni caso è stata una sorpresa il fatto che anche in Germania il fenomeno degli abusi sessuali avesse tali proporzioni.

Il fatto che i quotidiani e la televisione riferiscano con insistenza di queste cose, è un servizio reso ad una chiarificazione irrinunciabile. La faziosità e l'aggressività di tipo ideologico da parte di alcuni mass media *hanno assunto poi i contorni di una guerra propagandistica oltre ogni misura. Ma nonostante questo il Papa ha affermato: "La più grande persecuzione della Chiesa non viene dai nemici di fuori, ma nasce dal peccato nella Chiesa".*

Era evidente che l'azione dei *media* non fosse guidata solamente dalla pura ricerca della verità, ma che vi fosse anche un compiacimento nel mettere alla berlina la Chiesa e, se possibile, screditarla. E tuttavia era necessario che fosse chiaro questo: sin tanto che si tratta di portare alla luce la verità, dobbiamo essere riconoscenti. La verità, unita all'amore inteso correttamente, è il valore numero uno. E poi i *media* non avrebbero potuto dare quei resoconti se nella Chiesa stessa il male non ci fosse stato. Solo perché il male era dentro la Chiesa, gli altri hanno potuto rivolgerlo contro di lei.

Ernst-Wolfgang Böckenförde, giudice costituzionale emerito tedesco, ha detto: "Le parole che Papa Benedetto ha pronunciato anni fa negli USA e ora nella sua Lettera ai cattolici irlandesi, non potrebbero essere più severe".[1] *La*

---

[1] Estratti dalla Lettera pastorale di Benedetto XVI ai cattolici d'Irlanda del 21 marzo 2010:

"Non posso che condividere lo sgomento e il senso di tradimento che molti di voi hanno sperimentato al venire a conoscenza di questi atti peccaminosi e criminali e del modo in cui le autorità della Chiesa in Irlanda li hanno affrontati. [...] Certamente, tra i fattori che vi contribuirono possiamo enumerare: procedure inadeguate per determinare l'idoneità dei candidati al sacerdozio e alla vita religiosa; insufficiente formazione umana, morale, intellettuale e spirituale nei seminari e nei noviziati; una tendenza nella società a favorire il clero e altre figure in autorità e una preoccupazione fuori luogo per il buon nome della Chiesa e per evitare gli scandali [...].

6. *Alle vittime di abuso e alle loro famiglie*

Avete sofferto tremendamente e io ne sono veramente dispiaciuto. So che nulla può cancellare il male che avete sopportato. È stata tradita la vostra fiducia, e la vostra dignità è stata violata. Molti di voi avete sperimentato che, quando eravate sufficientemente coraggiosi per parlare di *ragione vera di questo decennale modo di procedere errato risiederebbe per Böckenförde nell'agire, profondamente radicato, secondo la "ragion di Chiesa". Il bene e la reputazione della Chiesa starebbero al di sopra di tutto. Il bene delle vittime, al contrario, andrebbe quasi automaticamente in secondo piano, nonostante che in realtà proprio loro siano le prime ad avere bisogno della tutela della Chiesa.*

L'analisi chiaramente non è facile. Cosa significa "ragion di Chiesa"? Perché in passato non si è reagito allo stesso modo di oggi? Anche la stampa prima non ha dato rilievo a queste cose, la coscienza a quel

---

quanto vi era accaduto, nessuno vi ascoltava. [...] A nome della Chiesa esprimo apertamente la vergogna e il rimorso che tutti proviamo. [...]

7. *Ai sacerdoti e ai religiosi che hanno abusato dei ragazzi*

Avete tradito la fiducia riposta in voi da giovani innocenti e dai loro genitori. Dovete rispondere di ciò davanti a Dio onnipotente, come pure davanti a tribunali debitamente costituiti. Avete perso la stima della gente dell'Irlanda e rovesciato vergogna e disonore sui vostri confratelli. [...] Riconoscete apertamente la vostra colpa, sottomettetevi alle esigenze della giustizia, ma non disperate della misericordia di Dio. [...]

11. *Ai miei fratelli vescovi*

Non si può negare che alcuni di voi e dei vostri predecessori avete mancato, a volte gravemente, nell'applicare le norme del Diritto canonico codificate da lungo tempo circa i crimini di abusi di ragazzi. Seri errori furono commessi nel trattare le accuse. [...] Tutto questo ha seriamente minato la vostra credibilità ed efficacia. [...] Continuate a cooperare con le autorità civili nell'ambito di loro competenza. [...] Soltanto un'azione decisa portata avanti con piena onestà e trasparenza potrà ripristinare il rispetto e il benvolere degli Irlandesi verso la Chiesa alla quale abbiamo consacrato la nostra vita. [...]

tempo era diversa. Sappiamo che le stesse vittime provano grande vergogna e all'inizio non sempre vogliono essere messe subito sotto la luce dei riflettori. Molte sono state in grado di raccontare quello che era loro accaduto soltanto dopo decenni.

Quello che conta è che in primo luogo ci si prenda cura delle vittime e si stia al loro fianco il più possibile per aiutarle a guarire; poi che si prevengano atti simili mediante un'accurata cernita dei candidati al sacerdozio, quanto più è possibile; ed infine che i colpevoli siano puniti e venga loro impedita ogni possibilità di ripetere tali azioni. In quale misura questi casi debbano poi essere resi pubblici, credo sia una questione a parte, alla quale potrà darsi risposta considerando anche le diverse fasi della presa di coscienza dell'opinione pubblica.

Quello però che non deve mai succedere è che si fugga e si faccia finta di non vedere e si lasci che i colpevoli continuino nei loro misfatti. È necessaria quindi vigilanza da parte della Chiesa, che punisca chi ha mancato e soprattutto che lo escluda da qualsiasi altra possibilità di entrare in contatto con dei bambini. Al primissimo posto c'è, come ho detto, l'amore per le vittime, lo sforzo di fare loro tutto il bene possibile per aiutarle ad elaborare quello che hanno vissuto.

Sulla questione degli abusi sessuali Lei ha preso posizione in diverse occasioni, non da ultimo nell'appena citata Lettera pastorale ai cattolici d'Irlanda. Ciò nonostante, i titoli a tutta pagina come "Il Papa tace sugli abusi", "Il Papa si chiude nel silenzio", "Il Papa tace sui casi di abusi sessuali nella Chiesa Cattolica" sembravano non volere finire mai. Forse si sarebbero dovute ripetere più spesso alcune cose, si sarebbero dovute gridare, in un mondo così chiassoso e anche un po' sordo?

Certo, è legittimo chiederselo. Penso che tutto l'essenziale sia stato detto; perché quello che è stato detto per l'Irlanda non valeva solo per l'Irlanda. In questo senso le parole della Chiesa e del Papa sono state udite in modo assolutamente chiaro, inequivocabile e ovunque. In Germania dovevamo innanzitutto dare la parola anche ai vescovi. Ma ci si può sempre domandare se il Papa non debba parlare ancora più spesso. Questo non oserei stabilirlo ora.

Ma in definitiva è Lei che deve decidere. Una migliore strategia di comunicazione avrebbe potuto giovare alla situazione.

Sì, è vero. Ma da un lato credo che veramente l'essenziale sia stato detto. Ed era in fondo evidente che non valeva solo per l'Irlanda. Dall'altro, come ho già detto, la prima parola dovevano pronunciarla i vescovi. In questo senso forse non è stato sbagliato attendere un po'.

La maggior parte di questi casi risale a molti decenni fa. Eppure pesano in modo particolare sul Suo Pontificato. Ha mai pensato di dimettersi?

Quando il pericolo è grande non si può scappare. Ecco perché questo sicuramente non è il momento di dimettersi. È proprio in momenti come questo che bisogna resistere e superare la situazione difficile. Questo è il mio pensiero. Ci si può dimettere in un momento di serenità, o quando semplicemente non ce la si fa più. Ma non si può scappare proprio nel momento del pericolo e dire: "Se ne occupi un altro".

Quindi è immaginabile una situazione nella quale Lei ritenga opportuno che il Papa si dimetta?

Sì. Quando un Papa giunge alla chiara consapevolezza di non essere più in grado fisicamente, psicologicamente e mentalmente di svolgere l'incarico affidatogli, allora ha il diritto ed in alcune circostanze anche il dovere di dimettersi.

Chi ha seguito i mass media *in quei giorni deve avere avuto l'impressione che la Chiesa Cattolica fosse nient'altro che un sistema di ingiustizie e di reati di tipo sessuale. Subito si è affermato che ci sarebbe un nesso immediato tra la dottrina sessuale cattolica, il celibato e gli abusi. Ma non si diceva che casi simili si erano verificati anche in istituzioni non cattoliche. Il criminologo Christian Pfeiffer rilevava come lo 0,1% dei colpevoli è ascrivibile alla categoria di collaboratore della Chiesa Cattolica; mentre il restante 99,9% proviene da altri ambiti. Negli USA, secondo un rapporto del governo, la percentuale di sacer-*

doti che nel 2008 risultava implicata in casi di pedofilia è pari allo 0,03%. La rivista protestante "Christian Science Monitor" ha pubblicato uno studio secondo il quale le Chiese protestanti in America sono colpite dal fenomeno pedofilia in misura ben maggiore.

Sugli abusi, la Chiesa Cattolica viene osservata e giudicata in modo diverso rispetto agli altri?

In realtà Lei ha già dato la risposta. Se osserviamo le proporzioni reali, questo non ci autorizza certo a voltarci da un'altra parte o a minimizzare i fatti. Però dobbiamo anche evidenziare che non si tratta di una specificità del sacerdozio cattolico o della Chiesa Cattolica. Sono cose purtroppo semplicemente radicate nella condizione di peccatore dell'uomo che esiste anche nella Chiesa Cattolica e che ha portato a questi terribili risultati.

È tuttavia pure importante non perdere di vista anche tutto il bene che avviene grazie alla Chiesa Cattolica; considerare quante persone vengono sostenute nella sofferenza, quanti malati e quanti bambini ricevono assistenza, quanto aiuto viene dato. Penso che non dobbiamo minimizzare il male – dobbiamo ammetterne con sofferenza l'esistenza – ma anche rendere visibile ed essere altrettanto riconoscenti per tutta la luce irradiata dalla Chiesa Cattolica. Se la Chiesa non ci fosse più, interi ambiti di vita andrebbero al collasso.

Eppure in questi giorni molti fanno fatica a restare nella Chiesa. Lei riesce a capire chi per protesta lascia la Chiesa?

Sì, riesco a capirlo. Penso naturalmente in primo luogo alle vittime stesse. Posso capire che a loro riesca difficile credere ancora che la Chiesa sia fonte del bene, che essa trasmetta la luce di Cristo, che essa aiuti a vivere. E anche altri, che pure hanno solo questa percezione negativa, non riescono più a vedere l'insieme, quello che è vivo nella Chiesa. Tanto più essa deve impegnarsi affinché questa vitalità e questa grandezza tornino ad essere visibili, nonostante tutta la negatività.

Quando era Prefetto della Congregazione per la Dottrina della Fede, e immediatamente dopo che negli Stati Uniti erano divenuti noti casi di abusi sessuali, Lei impartì delle disposizioni su come trattare questi casi. In esse si parla anche della collaborazione con le autorità giudiziarie pubbliche e di ulteriori misure preventive. Qualsiasi tentativo di insabbiamento andava evitato. Nel 2003 quelle disposizioni furono rese più severe. Che conseguenze ha tratto il Vaticano dai casi ora emersi?

Quelle linee guida ora sono state nuovamente elaborate e di recente ne è stata pubblicata un'ultima versione – sempre sulla base dell'esperienza fatta – per potere reagire a questa situazione sempre meglio, in maniera più precisa e più giusta. Il Diritto penale in questo caso da solo non basta. Perché una cosa è affrontare questi casi in maniera giuridicamente corretta, altra cosa è fare in modo che possibilmente non accadano più. A questo scopo, abbiamo disposto una grande visita apostolica dei seminari in America. Qui evidentemente vi sono state anche omissioni, per cui i giovani non sono stati seguiti con sufficiente attenzione, giovani che sembravano avere un talento per le attività giovanili e anche una disposizione religiosa, ma nei quali si sarebbe dovuto riconoscere che non erano adatti al sacerdozio.

La prevenzione, quindi, è un aspetto importante. A questo si aggiunge la necessità di un'educazione positiva alla vera castità ed al modo giusto di rapportarsi alla sessualità propria ed a quella dell'altro. Anche in ambito teologico c'è molto da sviluppare, e per questo creare anche la giusta atmosfera. E poi, rispetto alle vocazioni, è chiaro che l'intera comunità dovrebbe partecipare alla riflessione e all'azione ed avere particolare attenzione per le singole persone. Da un lato guidando e sostenendo quelle persone, dall'altro aiutando anche i superiori a riconoscere se sono idonee o meno.

Dev'essere quindi adottato un insieme di misure, preventive da un lato e reattive dall'altro, essere positivamente impegnati nella creazione di un'atmosfera in cui queste cose possono essere eliminate, superate e possibilmente escluse.

Recentemente, a Malta, Lei ha incontrato alcune vittime di abusi sessuali. Una di esse, Joseph Magro, dopo l'incontro ha detto: "Il Papa ha pianto insieme a me, pur non avendo alcuna colpa per ciò che mi è accaduto". Cosa ha potuto dire alle vittime?

In realtà, non ho potuto dire loro nulla di particolare. Ho detto loro che mi sentivo toccato nel profondo; che soffrivo con loro. Non era un modo di dire, perché veramente sono stato colpito al cuore. Ho potuto dire loro che la Chiesa farà il possibile affinché questo non accada mai più e che desideriamo aiutarle nel miglior modo possibile. E infine, che le ricordiamo nelle nostre preghiere e che le preghiamo di non perdere la fede in Cristo, vera luce, e nella comunità viva della Chiesa.

3

LA CRISI: CAUSE E OPPORTUNITÀ

Resta indimenticabile l'accusa che Lei lanciò durante la Via Crucis *del Venerdì Santo del 2005, poche settimane prima di essere eletto successore di Giovanni Paolo II: "Quante volte celebriamo soltanto noi stessi senza neanche renderci conto di lui! Quante volte la sua Parola viene distorta e abusata!". E poi, quasi fosse già orientato agli eventi futuri: "Quanta sporcizia c'è nella Chiesa, e proprio anche tra coloro che, nel sacerdozio, dovrebbero appartenere completamente a lui!".*

Tutte queste omissioni e questi crimini vengono alla luce ora, proprio nel corso dell'Anno Sacerdotale da Lei indetto. Da un punto di vista biblico, la notizia di questi scandali non è forse da intendere come segno?

È immaginabile che il diavolo non riuscisse a sopportare l'Anno Sacerdotale e allora ci ha scaraventato in faccia il sudiciume. Come se avesse voluto mostrare al mondo quanta sporcizia c'è anche proprio tra i sacerdoti.

Dall'altro lato si potrebbe dire che il Signore abbia voluto metterci alla prova, chiamarci ad una più profonda purificazione, così che celebrassimo l'Anno Sacerdotale non in modo trionfalistico, come autocelebrazione, bensì come anno della purificazione, del rinnovamento interiore, della trasformazione e soprattutto della penitenza.

Il concetto di penitenza, che appartiene agli elementi fondamentali del messaggio veterotestamentario, è andato smarrendosi sempre più. In qualche modo, si voleva dire solo il positivo. Ma il negativo esiste, è un dato di fatto. Che attraverso la penitenza si può cambiare e da essa ci si può fare trasformare è qualcosa che ci è dato positivamente, è un regalo. Così pensava anche la Chiesa antica. Si tratta ora di ricominciare veramente daccapo nello spirito della penitenza, e contemporaneamente di non perdere la gioia del sacerdozio, ma di riconquistarla nuovamente.

E con profonda gratitudine devo dire che proprio questo è accaduto. Da vescovi, da sacerdoti e da laici ho ricevuto molte testimonianze di gratitudine che mi hanno scosso e commosso, che mi hanno toccato il cuore. Sono persone che testimoniano questo: "Abbiamo accolto l'Anno Sacerdotale come spunto per la purificazione, come atto di mortificazione per il quale ci facciamo chiamare nuovamente dal Signore. E proprio così abbiamo potuto vedere nuovamente la grandezza e la bellezza del sacerdozio".

In questo senso credo che queste terribili rivelazioni siano state, alla fine, un gesto della Provvidenza, che ci mortifica, che ci costringe a ricominciare di nuovo.

Le cause degli abusi sessuali sono complesse. Senza parole ci si chiede soprattutto come sia possibile che abbia abusato sessualmente proprio chi ogni giorno legge il Vangelo e celebra la Messa, chi è a diretto contatto con i sacramenti, e da essi in fondo dovrebbe essere fortificato.

È una domanda che veramente tocca il *mysterium iniquitatis*, il mistero del male. E ci si chiede anche: cosa pensa uno così quando al mattino va all'altare e celebra il Santo Sacrificio? Si confessa? E cosa dice quando si confessa? Quali effetti ha la confessione su di lui? In realtà, dovrebbe essere un mezzo potente per strapparlo dal male e per costringerlo a cambiare. È un mistero quello per cui qualcuno che si è votato a ciò che è sacro lo perda totalmente e anzi poi smarrisca anche le sue stesse origini. Almeno al momento dell'ordinazione sacerdotale deve pure avere avuto una nostalgia per ciò che è grande, per ciò che è puro, altrimenti non avrebbe compiuto quella scelta. Come è possibile che uno così precipiti in questo modo?

Non lo sappiamo. Ma tanto più significa che i sacerdoti devono sostenersi a vicenda e non devono perdersi di vista; che i vescovi sono responsabili di questo e che noi dobbiamo raccomandare con insistenza ai fedeli che anche loro sostengano i propri sacerdoti. Vedo che nelle parrocchie l'amore per il sacerdote cresce quando si riconoscono le sue debolezze e ci si propone di aiutarlo.

Forse in parte abbiamo anche un'immagine completamente sbagliata della Chiesa; come se potesse essere immune da queste cose, come se anch'essa non fosse esposta alle tentazioni, anzi soprattutto lei. Cito ancora dalle Sue meditazioni della Via Crucis: *"La veste e il volto così sporchi della tua Chiesa ci sgomentano. Ma siamo noi stessi a sporcarli! ... Con la nostra caduta ti trasciniamo a terra, e Satana se la ride, perché spera che non riuscirai più a rialzarti da quella caduta; spera che tu, essendo stato trascinato nella caduta della tua Chiesa, rimarrai per terra sconfitto".*

Sì, questo è quello che oggi possiamo constatare con i nostri stessi occhi e che con particolare evidenza ci si impone durante la *Via Crucis*. Qui diviene evidente che Gesù non ha sofferto per degli eventi casuali, ma che veramente ha preso nelle sue mani l'intera storia dell'uomo. La sua sofferenza per noi non è soltanto una formula teologica. Riconoscere questo e poi permettere che Lui ci tiri dalla sua parte, e non dall'altra, è un atto esistenziale. Nelle meditazioni della *Via Crucis* noi prendiamo coscienza di questo: Egli veramente soffre per noi. E si è fatto carico anche della *mia* causa. Ora mi attira a sé, venendo a trovarmi nei miei abissi e trascinandomi in alto con sé.

Anche il male farà sempre parte del mistero della

Chiesa. E se si considera tutto quello che gli uomini, che i chierici hanno fatto nella Chiesa, allora questo si rivela proprio come una prova che è Lui che sostiene e che ha fondato la Chiesa. Se dipendesse solo dagli uomini, la Chiesa sarebbe già affondata da un pezzo.

La gran parte dei casi di abuso sessuale si registra tra gli anni Settanta e Ottanta. Il Prefetto della Congregazione per gli Istituti di Vita Consacrata e le Società di Vita Apostolica, il cardinale Franc Rodé, ha fatto riferimento all'annoso declino della fede ed allo svuotamento della Chiesa, quali concause a suo giudizio degli scandali. "La cultura secolarizzata è penetrata in alcuni Ordini occidentali", ha detto, "mentre proprio la vita religiosa dovrebbe rappresentare un'alternativa alla cultura dominante, invece di rispecchiarla".

È evidente che vi ha contribuito la situazione spirituale degli anni Settanta che già aveva incominciato a profilarsi negli anni Cinquanta. Proprio in quegli anni fu sviluppata la teoria per la quale la pedofilia dovesse essere considerata come una cosa positiva. Ma soprattutto venne sostenuta la tesi – che è penetrata anche nella teologia morale cattolica – che non esiste qualcosa di male in sé. Esisterebbe soltanto un male "relativo". Quello che è bene o male dipenderebbe dalle conseguenze.

In un contesto simile, in cui tutto è relativo e il male di per sé non esiste – esiste bensì solo il bene relativo ed il male relativo – le persone che hanno una tendenza a un atteggiamento simile hanno perso ogni fondamento. È chiaro che la pedofilia è innanzitutto piuttosto una malattia; ma il fatto che potesse attecchire in questo modo ed espandersi in tale misura è dovuto anche ad una situazione spirituale per la quale nella Chiesa iniziarono ad essere messi in discussione i fondamenti della teologia morale, il bene e il male. Bene e male erano divenuti interscambiabili e non si trovavano più nettamente in opposizione l'uno all'altro.

Anche la rivelazione della doppia vita del fondatore della comunità religiosa dei "Legionari di Cristo", Marcial Maciel Degollado, ha scosso la Chiesa. Accuse di abusi nei riguardi di Maciel, morto negli Stati Uniti nel 2008, circolavano già da anni. La sua compagna affermò di essere la madre dei suoi due figli. Dal Messico giungono voci per le quali le scuse pubbliche dei "Legionari di Cristo" non bastano, quella comunità religiosa dovrebbe essere sciolta.

Purtroppo abbiamo affrontato la questione solo con molta lentezza e con grande ritardo. In qualche modo era molto ben coperta e solo dal 2000 circa abbiamo iniziato ad avere dei punti di riferimento concreti. Era necessario avere prove certe per essere sicuri che le accuse avessero un fondamento.

Per me, Marcial Maciel rimane una figura misteriosa. Da un lato c'è un tipo di vita che, come ormai sappiamo, è al di là di ciò che è morale: un'esistenza avventurosa, sprecata, distorta. Dall'altro vediamo la dinamicità e la forza con cui ha costruito la comunità dei Legionari.

Nel frattempo abbiamo condotto una visita apostolica e nominato un delegato che, insieme ad un gruppo di collaboratori, prepara le riforme necessarie. Ci sono da apportare delle correzioni, certamente, ma nel suo insieme la comunità è sana. Ci sono tanti giovani che con entusiasmo vogliono servire la fede. E non bisogna distruggere questo entusiasmo. In definitiva molti di loro sono stati chiamati a ciò che è giusto da una figura sbagliata. E questa è la cosa singolare, la contraddizione per cui un falso profeta abbia potuto avere comunque un effetto positivo. A tutti questi giovani, e sono tanti, bisogna infondere nuovo coraggio. È necessaria una struttura nuova affinché non cadano nel vuoto ma, guidati correttamente, possano ancora rendere un servizio alla Chiesa e agli uomini.

Il caso Maciel è senza paragoni, e tuttavia ovunque ci sono sacerdoti che segretamente o anche non all'insaputa della loro comunità o addirittura della gerarchia ecclesiastica vivono relazioni simili al matrimonio. Lo scandalo diventa tanto più grande quando figli nati da quella unione vengono portati negli istituti e poi la Chiesa paga gli alimenti.

Questo non deve esserci. Tutto quello che è menzogna e occultamento, non deve esserci. Purtroppo nella storia della Chiesa ci sono sempre state epoche in cui si sono verificate queste situazioni che poi si allargano per così dire proprio sulla scia del clima spirituale del tempo. È una sfida particolarmente urgente per noi tutti. Laddove un sacerdote vive insieme ad una donna si deve esaminare se esista una vera volontà matrimoniale e se i due possano contrarre un buon matrimonio. Se così fosse, dovranno imboccare quella strada. Se invece si trattasse di una caduta della volontà morale, senza un autentico legame interiore, sarà necessario trovare vie di risanamento per lui e per lei. In ogni caso è necessario provvedere al fatto che i bambini – che sono il bene più prezioso – siano tutelati e che possano vivere nel contesto educativo vivo del quale hanno bisogno.

Il problema di fondo è la sincerità. Il secondo problema è il rispetto della verità circa le due persone e i bambini, al fine di poter trovare la giusta soluzione. Il terzo è questo: come possiamo educare di nuovo i giovani al celibato? Come possiamo sostenere i sacerdoti affinché lo vivano in maniera tale che esso rimanga un segno in questo tempo così confuso, un tempo in cui attraversa una crisi profonda non solo il celibato ma anche il matrimonio? Molti sostengono che il matrimonio monogamico in realtà ormai non esista più. È una sfida immane sorreggere e riedificare ambedue: il celibato e il matrimonio. Il matrimonio monogamico è il fondamento su cui poggia la civiltà dell'Occidente. Se crolla, crolla un elemento essenziale della nostra cultura.

Lo scandalo degli abusi potrebbe indurci ad interrogarci anche su altre forme di abuso; come, per esempio, l'abuso di potere, l'abuso di una relazione, l'abuso del compito di educatore, l'abuso dei propri carismi. Nell'antichità greca la tragedia aveva lo scopo di provocare un turbamento negli spettatori, di innescare un processo di purificazione che li facesse riflettere sulla loro vita. Solo la catarsi porta gli uomini a modificare comportamenti ormai radicati. L'attuale crisi della Chiesa non potrebbe rappresentare una nuova possibilità?

Credo di sì. Ho già detto che l'Anno Sacerdotale, che alla fine si è svolto in maniera completamente diversa da come avevamo immaginato, ha avuto un effetto catartico. Anche i laici sono tornati ad essere grati per quello che il sacerdozio in realtà è, sono riusciti a intenderlo nuovamente nella sua positività, e proprio attraverso minacce e disagi.

Questa catarsi è un richiamo a noi tutti, a tutta la società ma naturalmente soprattutto alla Chiesa, a tornare a riconoscere i nostri valori portanti, a riconoscere i pericoli che ci minacciano, che minacciano non soltanto i sacerdoti, ma profondamente l'intera società. La consapevolezza della minaccia e della distruzione dell'intera struttura morale della nostra società dovrebbe essere per noi un richiamo alla purificazione. Dobbiamo tornare a riconoscere che non possiamo vivere come se una cosa valesse l'altra, che libertà non significa indifferenza e che è importante imparare una libertà che sia responsabilità.

4

LA CATASTROFE GLOBALE

C'è la crisi della Chiesa e c'è la crisi dovuta al secolarismo. La prima sarà grande, ma la seconda assomiglia sempre più ad una catastrofe globale permanente.

Con i cambiamenti climatici la fascia tropicale va estendendosi sempre più e il livello del mare si alza. I poli si sciolgono e i buchi dell'ozono non si rimarginano. Abbiamo vissuto tragedie come il disastro petrolifero nel Golfo del Messico, assistito ad incendi che distruggono superfici immense, alluvioni mai viste prima, ondate di calore e periodi di siccità sino ad oggi impensabili. Già nel novembre 2007, in occasione dell'Assemblea generale dell'Onu a New York, il Segretario generale delle Nazioni Unite, Ban Ki-moon, affermò che il pianeta Terra si trova "in estremo pericolo". Una commissione d'inchiesta dell'ONU è arrivata alla conclusione che all'umanità rimangono ancora solo pochi decenni prima di raggiungere il punto di non ritorno. Alcuni esperti sono convinti che al point of no return, *quello oltre il quale non si sarà più in grado di riprendere il controllo di un mondo super-tecnologicizzato, in realtà si è già arrivati.*

"Dio vide tutto quello che aveva fatto", è scritto nella Genesi, "ed ecco, era molto buono". Fa quindi spavento osservare cosa è divenuto questo pianeta da sogno. La domanda è questa: è semplicemente la terra che non riesce a sostenere l'enorme potenziale evolutivo della nostra specie? Forse come tale non è fatta per sostenerci in modo permanente? Oppure siamo noi che stiamo sbagliando qualcosa?

Il fatto che non rimarremo qui per sempre ce lo dicono le Sacre Scritture ed anche la nostra esperienza. Ma sicuramente stiamo sbagliando qualcosa. Emerge la problematicità del termine "progresso". La modernità ha cercato la propria strada guidata dall'idea di progresso e da quella di libertà. Ma cos'è il progresso? Oggi vediamo che il progresso può essere anche distruttivo. Per questo dobbiamo riflettere sui criteri da adottare affinché il progresso sia veramente progresso.

Il concetto di progresso, in origine, aveva due aspetti: da un lato c'era il progresso nella conoscenza. Si intendeva con questo il comprendere la realtà; il che è avvenuto in larghissima misura attraverso una combinazione di visione matematica del mondo e sperimentazione. Così oggi siamo in grado di ricostruire il DNA, la struttura della vita e più in generale la struttura del funzionamento dell'intera realtà, sino al punto di essere in grado di riprodurla, ed abbiamo iniziato a comporre la vita da noi. Da questo punto di vista con quel progresso sono sorte anche nuove possibilità dell'uomo.

Il pensiero di fondo era questo: il progresso è conoscenza.

E la conoscenza è potere. Significa che se conosco posso anche disporre. La conoscenza ha portato potere, ma in modo tale che con quel potere noi possiamo distruggere quel mondo del quale siamo ormai convinti di sapere tutto.

Così diviene evidente che nel concetto di progresso, così come inteso sino ad oggi, e cioè quale combinazione di conoscenza e potere, manca un punto di vista essenziale: che è l'aspetto del bene. Si tratta della domanda: cosa è bene? Dove la conoscenza deve condurre il potere? Si tratta solo del potere di disporre prima o poi di qualcosa, oppure è necessario anche porsi la domanda sui criteri interiori, su quello che è bene per l'uomo, per il mondo? Penso che questo non sia avvenuto in maniera adeguata. Così in fondo per larghi tratti è venuto meno l'aspetto etico, del quale fa parte la responsabilità di fronte al Creatore. Se si incrementa unicamente il proprio potere per mezzo della propria conoscenza, questo tipo di progresso diventa veramente distruttivo.

Quali conseguenze dovremmo trarne?

Dovrebbe avere luogo un grande esame di coscienza. Cos'è veramente progresso? È progresso quando posso distruggere? È progresso quando posso creare, selezionare ed eliminare esseri umani? Com'è possibile dominare il progresso dal punto di vista umano ed etico? Ma non sono solo i criteri del progresso che dovrebbero essere ripensati. Accanto alla conoscenza e al progresso, c'è anche l'altro concetto fondamentale della modernità: la libertà, che è intesa come libertà di poter fare tutto.

Da questo pensiero si origina la pretesa secondo cui la scienza non è scindibile. Il che significa che quello che si è in grado di fare, si deve anche poterlo fare. Ogni altra cosa sarebbe contraria alla libertà. È vero? Credo che non sia vero. Vediamo che il potere dell'uomo è cresciuto immensamente. Quello che però non è cresciuto di pari passo è il suo potenziale etico. Questa sproporzione si rispecchia oggi nei frutti di un progresso privo di fondamenta morali. Ed ora la domanda fondamentale è questa: come è possibile correggere il concetto di progresso e la realtà da esso generata e successivamente dominarlo in maniera positiva dal suo interno? In questo senso è necessaria un'ampia riflessione di fondo.

Quanto siamo refrattari a modificare questi criteri del progresso è emerso chiaramente dalla Conferenza sul clima che si è svolta a Copenaghen, nel dicembre 2009. Ci hanno messo 17 anni, i governi di questa terra, per arrivare dal primo incontro di Rio a questo vertice decisivo che scienziati, ambientalisti e politici avevano definito una delle più importanti conferenze nella storia dell'umanità. Alla base dell'incontro c'erano i risultati delle ricerche di più di mille scienziati che, su incarico del Consiglio per il clima delle Nazioni Unite, l'IPCC, avevano calcolato che le temperature globali da adesso in poi non devono aumentare di più di due gradi. Nel caso di un riscaldamento ulteriore, il clima si capovolgerà irrimediabilmente.

La bozza di accordo di Copenaghen, però, non contiene neppure un impegno concreto. È pressoché certo che il limite dei due gradi verrà superato. Le conseguenze saranno tempeste, alluvioni, mancati raccolti a causa dell'aridità. Tutto questo non dà ragione a chi ritiene l'umanità semplicemente incapace di risolvere, in uno sforzo collettivo, una minaccia come quella dei cambiamenti climatici?

È questo in effetti il grande problema. Cosa possiamo fare? A fronte della minaccia incombente, tutti ormai si sono resi conto che è necessario fare scelte di ordine morale. Esiste perfino una coscienza comune, più o meno sviluppata, rispetto ad una responsabilità globale; il che significa che l'istanza etica non può più riferirsi soltanto al proprio gruppo o alla propria nazione ma che invece deve considerare la terra intera e tutti gli uomini.

In questo senso, un certo potenziale di coscienza morale esiste. Convertirlo in volontà politica ed in scelte politiche è però di fatto reso impossibile dalla mancanza di disponibilità alla rinuncia. Tutto dovrebbe trovare espressione nei bilanci delle singole nazioni ed essere in definitiva sostenuto dai singoli; e rispetto ad essi, si pone la questione della diversa distribuzione dei carichi.

Ne deriva che la volontà politica, in definitiva, non può divenire efficace sin tanto che non nascerà nell'intera umanità – e soprattutto nei grandi attori dello sviluppo e del progresso – una nuova e più profonda coscienza morale, una concreta disponibilità alla rinuncia che, per il singolo, diventi criterio morale che decide del proprio stile di vita.

La questione è dunque la seguente: in che modo, la grande volontà morale alla quale tutti aderiscono e che tutti reclamano, può diventare scelta personale? Perché, sin tanto che questo non accadrà, la politica sarà impotente. Chi dunque può far sì che questa coscienza generale penetri anche in ogni singola persona? Può farlo solo un'istanza che tocca le coscienze, che è vicina al singolo e che non chiama a raccolta solo per manifestazioni di facciata.

Ecco la sfida per la Chiesa, che non ha solo questa grande responsabilità, perché direi che spesso la Chiesa rimane l'unica speranza. La Chiesa infatti è così vicina alla coscienza dell'uomo da poterlo muovere a determinate rinunce e da riuscire ad imprimere nell'animo suo determinati atteggiamenti di fondo.

Il filosofo Peter Sloterdijk, circa la gestione globale della questione ambientale ha detto: "Gli uomini sono atei rispetto al futuro. Non credono a ciò che sanno nemmeno se gli si dimostra chiaramente cosa è inevitabile che accada".

In teoria forse ci credono pure. Ma si dicono anche: "Non capiterà proprio a me; ed in ogni caso non cambierò la *mia* vita". E poi, in definitiva, non ci sono soltanto gli egoismi individuali, in lotta tra loro, ma anche gli egoismi di gruppi. Uno è abituato ad un certo tipo di vita e quando lo sente minacciato, naturalmente si difende. Si vedono anche troppo pochi modelli rispetto a come dovrebbe configurarsi quella rinuncia di cui parlavamo. In questo senso, le comunità religiose hanno un ruolo esemplare. Possono mostrare nel modo loro proprio come uno stile di vita improntato alla rinuncia razionale e morale sia assolutamente praticabile senza dover, per così dire, mettere tra parentesi tutte le possibilità che il nostro tempo ci offre.

Quando si tratta di dare il buon esempio nemmeno lo Stato è in prima fila. I governi accumulano debiti come non mai. Un Paese come la Germania spenderà nel 2010 non meno di 43,9 miliardi di euro solo per pagare gli inte-

ressi alle banche, cioè per aver vissuto, nonostante la sua grande ricchezza, al di là delle proprie possibilità. Quella cifra spesa per pagare gli interessi da sola sarebbe sufficiente per garantire cibo a sufficienza a tutti i bambini nei Paesi in via di sviluppo.

In tutto il mondo, da quando è scoppiata la crisi finanziaria, il debito pubblico è aumentato del 45%, oggi ha superato i 50 bilioni di dollari: sono cifre inimmaginabili, situazioni mai viste prima. Nel 2010, solo i Paesi dell'Unione Europea hanno chiesto prestiti per oltre 80 miliardi di euro. Il nuovo indebitamento del governo statunitense è di 1,56 bilioni di dollari, il livello più alto mai raggiunto. È per questo che il professor Kenneth Rogoff, della Harvard University, *afferma che ormai la normalità non esiste più, bensì soltanto l'illusione della normalità. Certo è che sulle spalle delle generazioni future è messo il peso enorme di debiti giganteschi. Non è forse anche questo un grandissimo problema morale?*

Certo, perché stiamo vivendo a spese delle generazioni future. Così vediamo che viviamo nella menzogna. Viviamo per l'apparenza, e trattiamo i grandi debiti come fossero qualcosa che fa parte di noi. E anche qui: in teoria tutti comprendono che sarebbe necessario un ravvedimento per riconoscere nuovamente cosa è effettivamente possibile, cosa si è capaci di fare, cosa è permesso fare. Eppure non si riesce a far breccia nel cuore degli uomini.

Al di là dei singoli piani finanziari, un esame di

coscienza globale è assolutamente inevitabile. E a questo la Chiesa ha cercato di contribuire con l'Enciclica *Caritas in veritate*. Non dà risposte a tutti i problemi. È un passo in avanti per guardare le cose da un altro punto di vista, che non sia soltanto quello della fattibilità e del successo, ma dal punto di vista secondo cui esiste una normatività dell'amore per il prossimo che si orienta alla volontà di Dio e non soltanto ai nostri desideri. In questo senso dovrebbero essere dati degli impulsi perché realmente avvenga una trasformazione delle coscienze.

Abbiamo riconosciuto il problema della distruzione ambientale. E tuttavia solo molto lentamente matura nella nostra coscienza la consapevolezza che la condizione per salvare l'ambiente è ripristinare il nostro strato di ozono spirituale, salvaguardare le nostre foreste vergini dell'anima. Non avremmo da tempo dovuto chiederci: che ne è dell'inquinamento del nostro pensiero, dell'insudiciamento della nostra anima? Molte delle cose che permettiamo alla cultura dei media *e del commercio in definitiva equivale ad una intossicazione che quasi inevitabilmente conduce all'avvelenamento spirituale.*

È evidente che esiste un avvelenamento del pensiero che, a priori, ci dà prospettive sbagliate. Liberarcene per mezzo di un'autentica conversione, per usare questo termine fondamentale della fede cristiana, è una sfida ormai chiara a tutti. In un mondo tutto proteso alla scientificità e alla modernità, questi concetti hanno perso qualsiasi significato. Viene considerata antiquata e superata l'idea di una conversione, nel senso della fede nella volontà di Dio che ci indica una strada. E tuttavia credo che lentamente inizi a farsi strada la consapevolezza che c'è del vero quando diciamo che dobbiamo nuovamente ritornare in noi.

Badessa e medico, Hildegard von Bingen ha riassunto ben 900 anni fa questi nessi nel modo seguente: "Quando l'uomo pecca, ne soffre tutto il cosmo". I problemi dell'attuale momento storico, così Lei scrive nel Suo libro su Gesù, sono conseguenza del fatto che Dio non è più ascoltato. Una volta Lei ha parlato addirittura dello "spegnersi della luce che viene da Dio".

Per molti, l'ateismo pratico è oggi regola di vita. Forse, si dicono, in tempi remotissimi qualcosa o qualcuno ha dato inizio alla terra, ma egli non ci riguarda. Quando un simile atteggiamento spirituale diviene diffuso stile di vita, la libertà non ha più un termine di misura, e tutto è possibile e permesso. Per questo è tanto urgente che la questione di Dio torni ad essere centrale. E non si tratta di un Dio che in qualche modo esiste, ma di un Dio che ci conosce, che ci parla e che ci riguarda, e che poi è anche nostro giudice.

5

DITTATURA DEL RELATIVISMO

Nel suo romanzo futuristico del 1932 "Il mondo nuovo", lo scrittore britannico Aldous Huxley aveva predetto la falsificazione come momento caratterizzante la modernità. Nella falsa realtà con la sua falsa verità – o addirittura l'assenza di verità – alla fine nulla più è importante. Non c'è verità, non esiste alcun punto di vista. In effetti, ormai la verità è considerata un concetto talmente soggettivo che non è più possibile ravvisarvi un metro di giudizio universalmente valido. Sembra non esistere più la distinzione tra l'autentico e la falsificazione. In un certo senso, si può negoziare su tutto. È questo il relativismo dal quale Lei con tanta insistenza ha messo in guardia?

È evidente che il concetto di verità oggi suscita molto sospetto. È giusto dire che di esso si è molto abusato. In nome della verità si è giunti all'intolleranza e si sono commesse atrocità. Per questo le persone hanno paura quando sentono qualcuno dire: "Questa è la verità", o addirittura: "Possiedo la verità". Noi non possediamo mai la verità, nel migliore dei casi è lei a possedere noi. Nessuno mette in discussione il fatto che sia necessario usare cautela e attenzione prima di rivendicare per sé la verità. E tuttavia: accantonarla semplicemente perché ritenuta irraggiungibile ha effetti veramente devastanti.

La gran parte delle filosofie odierne sostiene effettivamente che l'uomo non sia capace della verità. Ma così non sarebbe nemmeno capace di moralità. E allora non avrebbe unità di misura alcuna. Dovrebbe soltanto badare ad arrangiarsi in qualche modo, e nel migliore dei casi, l'opinione della maggioranza diverrebbe l'unico criterio che conta. La storia ha dimostrato a sufficienza però quanto le maggioranze possano essere distruttive, ad esempio con i regimi del nazismo e del marxismo, l'uno e l'altro segnatamente anche contro la verità.

Sorge "una dittatura del relativismo", Lei disse nell'omelia della Messa di apertura del conclave, "che non riconosce nulla come definitivo e che lascia come ultima misura solo il proprio io e le sue voglie".

Ed è proprio per questo che noi dobbiamo avere l'audacia di dire: sì, l'uomo deve cercare la verità; egli è capace di verità. È chiaro che la verità necessità di criteri di verificabilità e di falsificabilità. E sempre deve andare anche mano nella mano con la tolleranza. Così la verità ci mostra anche quei valori permanenti che hanno reso grande l'umanità. Per questo deve essere nuovamente imparata ed esercitata l'umiltà di riconoscere la verità e farla diventare criterio di misura.

Il fatto che la verità non regna per mezzo della violenza, ma per mezzo del suo stesso potere, è il contenuto centrale del Vangelo di Giovanni: davanti a Pilato, Gesù si definisce *La Verità* e testimone della verità. Ed egli difende la verità non con le legioni, ma la rende visibile attraverso la sua passione e con essa la rende operante.

In questo mondo divenuto relativista, un nuovo paganesimo determina sempre più il pensare e l'agire degli uomini. Da questa prospettiva però è divenuto da tempo evidente che, accanto alla Chiesa, non si è unicamente creato un vacuum, *uno spazio vuoto, ma si è costituita una sorta di anti-Chiesa. Un quotidiano tedesco ha scritto che il Papa di Roma è da condannare già solo per il fatto di urtare, con le sue posizioni, quella "religione" che oggi "vige in questo paese", e cioè "la religione della società civile". È forse nato un nuovo* Kulturkampf, *come sostiene Marcello Pera? L'ex Presidente del Senato italiano parla di una "grande lotta ingaggiata dal laicismo contro il Cristianesimo".*

Si sta diffondendo un'intolleranza di tipo nuovo, è evidente. Esistono dei parametri di pensiero ben rodati che devono essere imposti a tutti. Questi poi vengono promossi in nome della cosiddetta tolleranza negativa. Come, ad esempio, quando si dice che in virtù della tolleranza negativa non devono esserci crocifissi negli edifici pubblici. In fondo così sperimentiamo l'eliminazione della tolleranza, perché in realtà questo significa che la religione, che la fede cristiana non possono più esprimersi in modo visibile.

Quando, ad esempio, in nome della non discriminazione si vuole costringere la Chiesa Cattolica a cambiare la propria posizione riguardo all'omosessualità o all'ordinazione sacerdotale delle donne, questo significa che non le è più consentito vivere la propria identità, ergendo invece un'astratta religione negativa a tirannico criterio ultimo, al quale tutti devono piegarsi. E questa sarebbe la libertà, per il solo fatto che libererebbe da tutto quello che è venuto prima.

In realtà si tratta di uno sviluppo che conduce sempre più a una rivendicazione intollerante da parte di una nuova religione che pretende di essere valida per tutti perché razionale, anzi, perché è la ragione stessa che tutto conosce e che quindi stabilisce i criteri che devono essere determinanti per ognuno.

La vera minaccia di fronte alla quale ci troviamo è che la tolleranza venga abolita in nome della tolleranza stessa. C'è il pericolo che la ragione, la cosiddetta ragione occidentale, sostenga di avere finalmente riconosciuto ciò che è giusto e avanzi così una pretesa di totalità che è nemica della libertà. Credo necessario denunciare con forza questa minaccia. Nessuno è costretto ad essere cristiano. Ma nessuno deve essere costretto a vivere secondo la "nuova religione", come se fosse l'unica e vera, vincolante per tutta l'umanità.

L'aggressività con cui si presenta questa nuova religione è stata descritta dal settimanale "Spiegel" come "la crociata degli ateisti". È una crociata che schernisce il Cristianesimo come "delirio di Dio" e vede nella religione una maledizione, all'origine tra l'altro di tutte le guerre.

Lei stesso ha già parlato di una "sottile aggressione contro la Chiesa, o anche meno sottile". Anche senza un regime totalitario, oggi verrebbe esercitata una pressione perché si pensi come pensano tutti, si agisca come agiscono tutti. Gli attacchi alla Chiesa dimostrano "come questo conformismo possa realmente essere una vera dittatura". Sono parole dure.

Sì, eppure la realtà è proprio quella per cui determinati modi di agire e di pensare vengono presentati come gli unici ragionevoli e quindi come gli unici a misura d'uomo. Il Cristianesimo si vede allora esposto ad una pressione d'intolleranza la quale, in un primo momento, tende a ridicolizzarlo presentandolo quale modo di pensare alla rovescia, sbagliato; per poi, in nome di un'apparente ragionevolezza, mirare a privarlo dello spazio per vivere.

È molto importante che ci opponiamo ad una tale

pretesa di assolutezza, ad un certo tipo di "ragionevolezza"; che in realtà non è affatto la pura ragione, ma la limitazione della ragione a quello che può essere riconosciuto solo nell'ambito delle scienze naturali ed insieme l'esclusione di tutto quello che va al di là di esse. Certo è vero anche che nella storia ci sono state pure le guerre a causa della religione, che la religione ha portato alla violenza ...

Ma né Napoleone, né Hitler, e né l'esercito USA in Vietnam avevano qualcosa in comune con le guerre di religione. Al contrario, sono passati appena 70 anni da quando sistemi atei in Oriente e Occidente hanno trascinato alla rovina il mondo; hanno condotto ad un'epoca lontana da Dio che lo scrittore americano Louis Begley ha definito "un requiem satanico".

Tanto più si conferma vera la grande forza del bene sprigionata dalla religione e che, attraverso grandi personaggi – Francesco d'Assisi, Vincenzo de' Paoli, Madre Teresa ed altri ancora –, è presente e risplende in tutta la storia. Al contrario, le nuove ideologie hanno portato ad un tipo di spietatezza e di disprezzo dell'uomo prima impensabile, perché prima comunque restava il rispetto per l'uomo in quanto fatto ad immagine e somiglianza di Dio; senza questo tipo di rispetto, invece, l'uomo si considera egli stesso l'assoluto a cui tutto è permesso: e così egli diventa veramente il distruttore.

D'altro canto si potrebbe affermare che uno Stato, in considerazione dell'eguaglianza dei cittadini, debba anche avere il diritto di bandire i simboli religiosi dai luoghi pubblici, compresa la Croce di Cristo. È un'argomentazione valida?

Dobbiamo innanzitutto chiederci: perché lo Stato deve bandirla? Sarebbe un atto sul quale forse riflettere se la Croce implicasse un'affermazione incomprensibile o insostenibile per gli altri. Ma la Croce significa che Dio stesso è un sofferente, che per mezzo della sua sofferenza ci vuole bene, che ci ama. È un'affermazione che non aggredisce nessuno. Questo è il primo aspetto.

Naturalmente esiste poi anche un'identità culturale sulla quale poggiano i nostri Paesi; un'identità che forma positivamente i nostri Paesi e che li sostiene dall'interno, che ancora rispecchia valori positivi e definisce la struttura fondamentale della società, un'identità che evidenzia e limita l'egoismo e che rende possibile una cultura di umanità. Direi che una simile espressione culturale di sé di una data società, che positivamente se ne nutre, non può offendere chi non la condivide e non deve nemmeno essere bandita.

In Svizzera, i cittadini non hanno votato contro la costruzione di moschee, bensì contro la costruzione dei minareti. In Francia, il Parlamento ha vietato di indossare il burqa *nei luoghi pubblici. I cristiani possono esultare?*

I cristiani sono tolleranti ed, in quanto tali, permettono anche agli altri la loro peculiare comprensione di sé. Siamo grati del fatto che nei Paesi del Golfo persico (Qatar, Abu Dhabi, Dubai, Quwait) ci siano chiese nelle quali i cristiani possono celebrare la Messa e speriamo che così accada ovunque. Per questo è naturale che anche da noi i musulmani possano riunirsi in preghiera nelle moschee.

Per quanto riguarda il *burqa*, non vedo ragione di una proibizione generalizzata. Si dice che alcune donne non lo portino volontariamente, ma che in realtà sia una sorta di violenza imposta loro. È chiaro che con questo non si può essere d'accordo. Se però volessero indossarlo volontariamente, non vedo perché glielo si debba impedire.

In Italia, l'80% degli abitanti ha ricevuto il battesimo cattolico. In Portogallo sono il 90%, come in Polonia, e nella piccola Malta sono il 100%. In Germania, più del 60% della popolazione appartiene ancora alle due Chiese cristiane, ed una parte considerevole ad altre comunità cristiane. La cultura cristiano-occidentale è senza dubbio alla base del successo e del benessere dell'Europa, eppure oggi una maggioranza accetta di essere dominata da una minoranza di opinion leader. *È una situazione curiosa, per non dire alquanto schizofrenica.*

Emerge una problematica interna. In che misura, infatti, le persone sono ancora parte della Chiesa? Da un lato vogliono appartenerle, non vogliono smarrire questo fondamento. Dall'altro è chiaro però che sono interiormente formate e plasmate anche dal pensiero moderno. È lo stare l'una accanto all'altra di una volontà di fondo cristiana mai divenuta fermento, e di una nuova visione del mondo che plasma tutta la vita. C'è in questo senso una sorta di schizofrenia, un'esistenza divisa.

Dobbiamo cercare di fare in modo che i due aspetti, per quanto compatibili, si compenetrino. L'essere cristiano non deve ridursi ad una specie di elemento arcaico che in qualche modo conservo, ma che vivo *parallelamente* alla modernità. L'essere cristiano è esso stesso qualcosa di vivo, di moderno, che attraversa, formandola e plasmandola, tutta la mia modernità, e che quindi in un certo senso veramente la abbraccia.

Qui è necessaria una grande lotta spirituale, come ho voluto mostrare con la recente istituzione di un "Pontificio Consiglio per la Nuova Evangelizzazione". È importante che cerchiamo di vivere e di pensare il Cristianesimo in modo tale che assuma la modernità buona e giusta, e quindi, al contempo, si allontani e si distingua da quella che sta diventando una contro-religione.

Detto in termini molto asciutti, la Chiesa Cattolica è la più grande organizzazione del mondo dotata di una rete efficiente che, a partire dal centro, copre tutto il globo. Comprende 1,2 miliardi di membri, ha più di 4.000 vescovi,

400.000 sacerdoti e milioni di religiose e religiosi. Possiede migliaia di università, conventi, scuole e strutture sociali. In Paesi come la Germania, dopo lo Stato rappresenta il maggiore datore di lavoro. La Chiesa non è solo un grande marchio con linee guida incrollabili, ma ha una propria identità, un culto proprio, una propria etica, ed è presente in essa il Santo dei Santi, l'Eucaristia. E poi è legittimata da "molto in alto" e di se stessa può dire: "Siamo noi l'originale, siamo noi i custodi del tesoro". In realtà, di più non è possibile. Non è strano, o forse scandaloso, che questa Chiesa non riesca a sfruttare molto di più questo potenziale incomparabile?

Sì, naturalmente dobbiamo chiedercelo. Ci troviamo di fronte allo scontro tra due mondi spirituali, il mondo della fede e il mondo del secolarismo. La questione è: in che cosa il secolarismo ha ragione? In che cosa dunque la fede deve far proprie le forme e le immagini della modernità, e in che cosa deve invece opporre resistenza? Questa grande lotta attraversa oggi il mondo intero. I vescovi del Terzo Mondo mi dicono: "Anche da noi c'è il secolarismo, ma qui si mischia a stili di vita ancora molto arcaici".

Spesso ci si chiede veramente come sia possibile che cristiani, che personalmente sono credenti, non trovino la forza di rendere politicamente più operante la loro fede. Noi dobbiamo soprattutto cercare di fare in modo che gli uomini non perdano di vista Dio; che riconoscano quale tesoro possiedono; e che poi essi stessi, in virtù della propria fede, affrontino il secolarismo e possano praticare il discernimento spirituale. Questo processo immane è il vero, grande compito dell'ora presente. Possiamo soltanto sperare che la forza interiore della fede che c'è negli uomini acquisti potenza anche nella sfera pubblica, formando l'opinione pubblica, e così facendo impedisca alla società di cadere in un pozzo senza fondo.

Non si potrebbe forse anche presupporre che dopo 2000 anni il Cristianesimo si è semplicemente esaurito, esattamente come nella storia delle civiltà è accaduto anche ad altre grandi culture?

Lo si potrebbe pensare guardando con superficialità e restringendo l'orizzonte al solo mondo occidentale. Ma se si osserva con più attenzione – ed è quello che mi è possibile fare grazie alle visite dei vescovi di tutto il mondo e anche ai tanti altri incontri – si vede che il Cristianesimo in questo momento sta sviluppando anche una creatività del tutto nuova.

In Brasile, ad esempio, da un lato si registra una forte crescita delle sette, spesso molto equivoche perché promettono sostanzialmente ricchezza e successo esteriore; dall'altro si assiste anche a grandi rinascite cattoliche, ad una dinamica di fiorire di nuovi movimenti, come ad esempio gli "Araldi del Vangelo", giovani pieni dell'entusiasmo di avere riconosciuto in Cristo il Figlio di Dio e di annunciarlo al mondo. Il vescovo di São Paulo mi ha detto che in quella città si assiste ad un germogliare di sempre nuovi movimenti cattolici. C'è dunque una forza di cambiamento e di nuova vita.

Oppure pensiamo a quello che la Chiesa significa per l'Africa: nello smarrimento e nella distruzione delle guerre spesso è l'unica cosa che rimane, l'unico rifugio dove c'è ancora umanità, dove si faccia qualcosa per le persone. Essa si impegna affinché la vita possa continuare, affinché ci si curi dei malati, affinché i bambini possano nascere e ricevere un'educazione. Essa è forza di vita che continua a creare nuovo entusiasmo e dalla quale scaturiscono vie nuove.

Anche da noi in Occidente c'è un fiorire di nuove iniziative cattoliche, forse meno evidente, ma pur tuttavia innegabile; sono iniziative che non sono disposte da una struttura, da una burocrazia.

La burocrazia è consumata e stanca. Sono iniziative che nascono dal di dentro, dalla gioia dei giovani. Il Cristianesimo forse assumerà un volto nuovo, forse anche un aspetto culturale diverso. Il Cristianesimo non determina l'opinione pubblica mondiale, altri ne sono alla guida. E tuttavia il Cristianesimo è la forza vitale senza la quale anche le altre cose non potrebbero continuare ad esistere. Perciò, sulla base di quello che vedo e di cui riesco a fare personale esperienza, sono molto ottimista rispetto al fatto che il Cristianesimo si trovi di fronte ad una dinamica nuova.

Eppure a volte si ha l'impressione che sia quasi per una legge naturale che il paganesimo in un certo senso riconquisti sempre quelle terre che il Cristianesimo ha arato e reso abitabili.

Che, a causa del peccato originale che è nella struttura dell'uomo, il paganesimo ogni tanto riemerga in lui è un'esperienza che attraversa tutti i secoli. Si conferma così la verità del peccato originale. L'uomo ricade sempre di nuovo al di qua della fede, diventa pagano nell'accezione più profonda del termine ogni qual volta vuole tornare ad essere unicamente se stesso. E tuttavia, sempre si manifesta di nuovo la presenza divina nell'uomo. Questa è la lotta che attraversa tutta la storia. Come dice sant'Agostino: la storia del mondo è la lotta tra due tipi di amore. L'amore di sé portato sino alla distruzione del mondo; e l'amore per il prossimo, portato sino alla rinuncia di sé. Questa lotta, che sempre si è potuta vedere, è in corso anche oggi.

6

TEMPO DI CONVERSIONE

All'inizio del terzo millennio, gli uomini sulla terra vivono un rivolgimento economico, ecologico e sociale di proporzioni sinora inimmaginabili. Gli scienziati dicono che il prossimo decennio è decisivo per la sopravvivenza del nostro pianeta.

Santo Padre, nel gennaio 2010, a Roma, incontrando il corpo diplomatico, ha detto una frase drammatica: "Il nostro futuro e il destino del nostro pianeta sono in pericolo". Altrove, Lei ha affermato che se presto non si riuscirà ad avviare una conversione su vasta scala, il senso di abbandono ed il caos andranno fortemente aumentando. La Sua omelia del 13 maggio a Fatima ha toni quasi apocalittici: "L'uomo ha potuto scatenare un ciclo di morte e di terrore", ha detto, "ma non riesce ad interromperlo...".

Scorge nei segni dei tempi il segnale di una cesura che cambia il mondo?

Senza dubbio ci sono dei segni che ci spaventano e che inquietano. Però ci sono anche altri segni ai quali possiamo riferirci e che ci danno speranza. Abbiamo parlato in abbondanza delle minacce e degli scenari di terrore. Aggiungerei soltanto un elemento, che traggo dalle visite dei vescovi e che mi brucia dentro.

Tanti vescovi, soprattutto quelli dell'America Latina, mi dicono che là dove passa la strada della coltivazione e del commercio della droga – e questo avviene in gran parte di quei Paesi – è come se un animale mostruoso e cattivo stendesse la sua mano su quel Paese per rovinare le persone. Credo che questo serpente del commercio e del consumo di droga che avvolge il mondo, sia un potere del quale non sempre riusciamo a farci un'idea adeguata. Distrugge i giovani, distrugge le famiglie, porta alla violenza e minaccia il futuro di intere nazioni.

Anche questa è una terribile responsabilità dell'Occidente: ha bisogno di droghe e così crea Paesi che devono fornirgli quello che poi finirà per consumarli e distruggerli. È sorta una fame di felicità che non riesce a saziarsi con quello che c'è; e che poi si rifugia, per così dire, nel paradiso del diavolo e distrugge completamente l'uomo.

A questo problema se ne aggiunge un altro. Voi non riuscite nemmeno ad immaginare, così mi dicono i vescovi, quale distruzione provochi nei nostri giovani il turismo sessuale. Sono in atto processi di distruzione di enorme portata, generati dalla sfrenatezza, dalla noia e dalla falsa libertà del mondo occidentale.

Si vede che l'uomo aspira ad una gioia senza fine, vuole godere oltre ogni limite, anela all'infinito. Ma dove Dio non c'è, questo non gli è concesso, non può essere. E così deve essere lui stesso a creare la menzogna, il falso infinito.

Questo è uno dei segni dei tempi che deve rappresentare per noi cristiani una sfida urgente. Dobbiamo affermare – e dimostrare con la nostra vita – che l'infinito di cui l'uomo ha bisogno può venire soltanto da Dio; che Dio è la nostra prima necessità per poter far fronte alle tribolazioni di questo tempo; che, in un certo senso, dobbiamo mobilitare tutte le forze dell'anima e del bene perché si imponga un'immagine vera contro quella falsa, e possa così spezzarsi il circuito del male.

Se si guarda all'esaurimento delle risorse, alla fine di un'epoca, alla fine di un determinato modo di vivere, in modo elementare ritorna la consapevolezza della finitezza delle cose, della finitezza della stessa vita. Molti vedono nei segni dei tempi lo stigma di un tempo finale. Forse il mondo non affonderà, si dice. Ma andrà in una nuova direzione. Questa società malata in cui aumentano soprattutto le malattie psichiche ha una nostalgia supplice di salvezza e redenzione.

Non ci si dovrebbe chiedere se questa nuova direzione stia in relazione con il ritorno di Cristo?

Quello che è importante, come Lei dice, è che esiste la necessità di essere sanati, che in qualche modo si torna a comprendere cosa significa redenzione. Gli uomini riconoscono che, quando Dio non c'è, l'esistenza si ammala e che l'uomo non può vivere così; ha bisogno di una risposta che egli stesso non può darsi. In tale senso, questo è un tempo d'avvento che offre anche molto di buono.

Le enormi possibilità di comunicare, per esempio, che abbiamo oggi, da un lato possono condurre alla più completa spersonalizzazione: si finisce per nuotare soltanto nel mare della comunicazione, le persone non si incontrano più. Dall'altro può trattarsi anche di un'opportunità. Nel senso che diventiamo coscienti gli uni degli altri, ci incontriamo, ci aiutiamo, usciamo da noi stessi.

Ecco perché a me sembra importante non vedere soltanto il negativo. Dobbiamo certo percepirlo con estrema acutezza, ma dobbiamo anche vedere tutte le *chances* di bene che ci sono; le speranze, le nuove possibilità dell'esistenza umana che si offrono. Per annunciare, alla fine, in questo contesto, la necessità di una svolta, annunciare che essa non può avvenire senza una conversione interiore.

Che significa concretamente?

Di questa conversione fa parte il fatto di rimettere Dio al primo posto, allora tutto cambierà; e anche che si ricominci a cercare le parole di Dio per farle risplendere come realtà nella propria vita. Dobbiamo, per così dire, osare di nuovo l'esperimento con Dio per permettere che operi nella nostra società.

Il Vangelo non ha inteso essere un messaggio che viene dal passato e che si è esaurito. La presenza e la dinamica della rivelazione di Cristo consiste al contrario proprio nel fatto che, in un certo senso, viene dal futuro ed è ancora di fondamentale importanza per il futuro di ogni individuo e per il futuro di tutti. "Apparirà una seconda volta, senza alcuna relazione con il peccato, a coloro che l'aspettano per la loro salvezza", si legge di Cristo nella Lettera agli Ebrei.

Non sarebbe forse opportuno che la Chiesa spiegasse in termini più chiari che, secondo le indicazioni della Bibbia, il mondo oggi non si trova solo nel tempo dopo *Cristo ma – molto di più – di nuovo nel tempo* prima *di Cristo?*

Proprio questa era una delle cose che stava più a cuore a Giovanni Paolo II: far comprendere con chiarezza che guardiamo a Cristo che viene; che quindi Colui che è venuto è molto di più anche Colui che viene, e che in questa prospettiva noi viviamo la fede rivolti al futuro. Di questo fa parte che siamo poi veramente capaci di presentare il messaggio della fede nuovamente dalla prospettiva di Cristo che viene.

Spesso questo Colui che viene è stato presentato con formule senz'altro vere che però sono insieme inerti. Esse non riescono più a penetrare nel contesto della nostra vita e spesso ci risultano non più comprensibili. Oppure accade anche che questo Colui che viene è totalmente svuotato, falsificato in quanto ridotto a generico *topos* morale dal quale non viene niente e che non significa niente.

Dobbiamo quindi cercare di dire veramente l'essenziale come tale, ma di dirlo con parole nuove. Per Jürgen Habermas[2] è importante che esistano teologi capaci di tradurre il tesoro della loro fede in modo tale che esso, nel mondo secolarizzato, riesca a diventare parola per questo mondo. Lui magari lo intenderà in maniera un po' diversa da noi, ma ha ragione quando dice che l'interiore processo di traduzione delle grandi parole nei termini e modi di pensare del nostro tempo è avviato, ma non è ancora del tutto riuscito.

Potrà riuscire soltanto se gli uomini vivranno il Cristianesimo a partire da Colui che viene. Solo allora potranno anche esprimerlo. L'espressione, la traduzione intellettuale, presuppone la traduzione esistenziale. In questo senso sono i santi che vivono l'essere cristiano nel presente e nel futuro, e, a partire dalla loro esistenza, Colui che viene diventa anche traducibile così da rendersi presente nell'orizzonte mentale del mondo secolare. Questo è il grande compito di fronte al quale ci troviamo.

---

[2] Jürgen Habermas (1929), filosofo e sociologo tedesco.

I cambiamenti della nostra epoca hanno portato con sé altri modi di vivere ed altre filosofie di vita, ma anche un'altra percezione della Chiesa. I progressi della ricerca medica rappresentano sfide etiche immani. Anche il nuovo universo di internet *esige risposte. Giovanni XXIII ha raccolto il cambiamento dopo le due guerre mondiali per spiegare i "segni dei tempi" in un Concilio – come è scritto nella Bolla d'indizione del Concilio Vaticano II* Humanae salutis *del 25 dicembre 1961 – pur essendo egli all'epoca già vecchio e malato.*

Benedetto XVI farà come lui?

Giovanni XXIII ha compiuto un gesto grande ed irripetibile affidando ad un Concilio universale il compito di comprendere in modo nuovo la Parola della fede. Soprattutto, il Concilio ha ripreso e assolto il grande compito di definire in modo nuovo sia la missione, sia il rapporto della Chiesa con la modernità ed anche il rapporto della fede con questo tempo, con i suoi valori. Ma trasformare in vita quello che è stato detto, rimanendo in ciò nella profonda continuità della fede, è un processo molto più difficile che non il Concilio stesso; soprattutto in considerazione del fatto che il Concilio è stato recepito dal mondo tramite l'interpretazione dei *mass media* e non attraverso i suoi testi, che quasi nessuno legge.

Credo che oggi, dopo che sono state chiarite alcune questioni di fondo, il nostro grande compito sia in primo luogo quello di rimettere di nuovo in luce la priorità di Dio. La cosa importante, oggi, è che si veda di nuovo che Dio c'è, che Dio ci riguarda e che ci risponde. E che, al contrario, quando viene a mancare, tutto può anche essere razionale quanto si vuole, ma l'uomo perde la sua dignità e la sua specifica umanità; e così crolla l'essenziale. Ecco perché credo che l'accento nuovo che oggi dobbiamo porre è la priorità della questione di Dio.

Lei crede che la Chiesa Cattolica possa veramente evitare il Terzo Concilio Vaticano?

Abbiamo avuto in totale più di venti concili, prima o poi sicuramente ce ne sarà un altro. Al momento non ne vedo le condizioni. Credo che in questo momento i sinodi dei vescovi siano lo strumento giusto, perché in essi è rappresentato l'intero episcopato che è per così dire alla ricerca, che tiene insieme la Chiesa e al tempo stesso la conduce in avanti. Sarà il futuro a dirci se e quando sarà giunto il momento di fare questo per mezzo di un grande concilio. In questo momento abbiamo bisogno soprattutto di movimenti spirituali per mezzo dei quali la Chiesa universale – attingendo all'esperienza dei tempi, alla sua intima esperienza di fede e alla sua forza – imprima dei segni e rimetta così al centro la presenza di Dio.

Come Successore di Pietro Lei ricorda sempre il "piano" decisivo che esisterebbe per questo mondo. Non un piano A o un qualsiasi piano B, ma il piano di Dio. "Dio non è indifferente davanti alla storia dell'umanità", ha detto; in definitiva, Cristo "è il Signore di tutto il creato e di tutta la storia". Karol Wojtyła ha avuto il compito di condurre la Chiesa alla soglia del terzo millennio. Che compito ha Joseph Ratzinger?

Direi che non si dovrebbe eccessivamente sbriciolare la storia. Tessiamo il medesimo pezzo di stoffa. Karol Wojtyła è stato per così dire donato da Dio alla Chiesa in una situazione molto particolare, critica, nella quale la generazione marxista, la generazione del '68, metteva in discussione l'intero Occidente, e nella quale poi, al contrario, il socialismo reale è crollato. Aprire un varco alla fede in questa situazione di contrapposizione, indicare la fede come centro e presentarla come la via, ha rappresentato un momento storico di particolare rilievo.

Non ogni Pontificato deve necessariamente avere un compito nuovo. Ora si tratta di portare avanti quanto iniziato e di comprendere la drammaticità del nostro tempo, di rimanere saldi nella Parola di Dio come la parola decisiva e al tempo stesso di dare al Cristianesimo quella semplicità e quella profondità senza le quali non può operare.

Parte II

IL PONTIFICATO

7

HABEMUS PAPAM

Raramente in passato l'elezione di un Papa si è svolta con tanta rapidità e in modo tanto unanime. Già dopo le prime votazioni nella Cappella Sistina "ci si era dinamicamente orientati al nuovo Papa", racconta il cardinale Walter Kasper. Lei stesso, nel conclave, ha recitato una giaculatoria simile a quella del giardino del Getsemani: "Signore non farmi questo! Disponi di persone più giovani e migliori".

Vedere che l'incredibile realmente accadeva è stato un vero *shock*. Ero convinto che ci fossero persone migliori e più giovani di me. Perché il Signore mi ha fatto questo, ho dovuto rimetterlo a Lui. Ho cercato di rimanere imperturbabile, confidando appieno nel fatto che Egli mi avrebbe guidato. Avrei dovuto adattarmi pian piano a fare quello che era nelle mie possibilità, limitandomi a compiere di volta in volta solo il passo successivo.

C'è una parola del Signore molto importante per l'intera mia vita: "non preoccupatevi del domani, a ciascun giorno basta la sua pena". All'uomo basta una pena quotidiana, di più non può sopportare. Per questo cerco di concentrarmi sulla pena quotidiana, lasciando le altre al domani.

Nel Suo primo saluto, dalla Loggia centrale della Basilica di san Pietro, ha dichiarato con voce tremante: "Dopo il grande Papa Giovanni Paolo II, Dio ha eletto me, un semplice e umile lavoratore nella vigna del Signore". La confortava il fatto che il Signore "sa lavorare anche con strumenti insufficienti". Era già una sorta di understatement *papale? C'erano pur sempre buoni motivi per la Sua elezione. Nessun altro teologo aveva affrontato tanto spesso e con tanta intensità grandi temi, quali il relativismo della società moderna, il dibattito infraecclesiale sulle riforme, il rapporto tra fede e ragione nell'era della scienza moderna. Come Prefetto della Congregazione per la Dottrina della Fede, Lei ha contribuito a plasmare il Pontificato precedente. Sotto la sua supervisione, è nato il Catechismo della Chiesa Cattolica, un'opera grandiosa dell'era Wojtyła.*

In effetti avevo una funzione direttiva, però non avevo fatto nulla da solo e ho potuto lavorare sempre in squadra; proprio come uno dei tanti operai nella vigna del Signore che probabilmente ha fatto del lavoro preparatorio, ma allo stesso tempo è uno che non è fatto per essere il primo e per assumersi la responsabilità di tutto. Ho capito che accanto ai grandi Papi devono esserci anche Pontefici piccoli che danno il proprio contributo. Così in quel momento ho detto quello che sentivo veramente.

Lei è stato a fianco di Giovanni Paolo II ventiquattro anni e ha conosciuto la Curia come nessun altro. Quanto tempo ha impiegato per capire l'enormità della dimensione di questo ministero?

Che si tratti di un ministero immenso lo si capisce subito. Quando già da cappellano, da parroco, da professore si è coscienti di avere una grande responsabilità, si deduce facilmente quale pesante fardello porti sulle spalle chi ha la responsabilità di tutta la Chiesa. Ma a maggior ragione bisogna essere consapevoli del fatto che non si porta quel fardello da soli. Da una parte lo si fa con l'aiuto di Dio, dall'altra grazie ad una grande collaborazione. Il Concilio Vaticano II ci ha insegnato, a ragione, che per la struttura della Chiesa è costitutiva la collegialità; che il Papa può essere soltanto un primo nella condivisione e non un monarca assoluto che prende decisioni in solitudine e fa tutto da sé.

Nel XII secolo, su richiesta di Papa Eugenio III, san Bernardo di Chiaravalle scrisse il De Consideratione, *una sorta di* vademecum *interiore rispetto a quello che "un*

Papa deve considerare". Bernardo provava una forte avversione per la Curia romana e raccomandò al Papa di essere vigile. Nel trambusto delle cose da fare avrebbe dovuto esercitare un distacco, mantenere sempre una visione d'insieme e rimanere determinato di fronte agli abusi che avvenivano particolarmente intorno a un Papa. Per il Pontefice, Bernardo temeva soprattutto che, "oberato dalle cose da fare il cui numero può soltanto aumentare e di cui tu non vedrai mai la fine, tu indurisca il tuo cuore".

Basandosi sulla Sua esperienza, anche Lei potrebbe adottare le "considerazioni" di Bernardo?

Il *De Consideratione* di san Bernardo chiaramente rappresenta una lettura obbligatoria per ogni Papa. Vi si leggono anche cose importanti, come ad esempio: ricordati che non sei il successore dell'Imperatore Costantino, ma di un pescatore.

La tonalità fondamentale è quella che Lei ha accennata: "Non affondare nell'attivismo"! C'è così tanto da fare che si dovrebbe lavorare ininterrottamente. Ecco, proprio questo sarebbe sbagliato. Non affondare nell'attivismo significa preservare la *consideratio*, l'avvedutezza, la perspicacia, la contemplazione, il momento della valutazione interiore, dell'osservazione e dell'affrontare le cose, con Dio e su Dio. Significa che non si deve pensare di lavorare ininterrottamente, cosa in sé importante per chiunque, anche per un *manager*, e ancor di più per un Papa. Ma egli deve far sì che altri si occupino di tante altre cose, così da mantenere una visione più profonda, un raccoglimento interiore che poi permetta di riconoscere l'essenziale.

Però si ha l'impressione che Papa Benedetto lavori ininterrottamente e non si conceda nemmeno una pausa.

Ma no…

Lei è uno dei più solerti, forse il più solerte lavoratore fra i Papi.

Ma di questa attività fa sempre parte anche la meditazione, la lettura delle Sacre Scritture ed il riflettere su quello che mi si dice. Non si tratta solo del disbrigo di pratiche. Anche in quest'ambito leggo quanto più riesco. In ogni caso tengo sempre presente il monito di Bernardo di non perdermi nell'attivismo.

La sera della propria elezione al Soglio pontificio, Paolo VI scrisse nel suo diario: "Sono nell'appartamento pontificio; impressione profonda, di disagio e di confidenza insieme… poi è notte: preghiera e silenzio. No, che non è silenzio, il mondo mi osserva, mi assale. Devo imparare ad amarlo veramente. La Chiesa qual è. Il mondo qual è".

*Anche Lei, come Paolo VI, all'inizio ha avuto un po' paura delle masse che avrebbe dovuto affrontare? Paolo VI aveva addirittura pensato di abolire nuovamente la recita della preghiera dell'*Angelus *dalla finestra del Palazzo*

Apostolico. Scrisse: "Cos'è questo bisogno di voler vedere un uomo? Siamo diventati uno spettacolo".

Comprendo molto bene i sentimenti di Paolo VI. La questione è: è veramente giusto offrirsi sempre alle folle e farsi acclamare come una *star*? D'altro canto le persone hanno il grande desiderio di vedere il Papa. Non si tratta tanto della vicinanza alla persona ma del contatto fisico con questo ministero, con il rappresentante del sacro, con il mistero; si tratta di poter toccare con mano il fatto che c'è un Successore di Pietro, una persona che deve rappresentare Cristo. Bisogna accettare quella condizione da questa prospettiva e non considerare l'acclamazione come un complimento rivolto alla propria persona.

Teme un attentato?

No.

La Chiesa Cattolica è il primo e più grande global player *della storia mondiale. Tuttavia, com'è noto, non è un'industria e il Papa non ne è il capitano. Qual è la differenza fra il Suo ministero e la gestione di una multinazionale?*

Non siamo un centro di produzione, non siamo un'impresa finalizzata al profitto, siamo Chiesa. Siamo una comunità di persone che vive nella fede. Il nostro compito non è creare un prodotto o avere successo nelle vendite. Il nostro compito è vivere esemplarmente la fede, annunciarla, e mantenere in un profondo rapporto con Cristo, e così con Dio stesso, non un gruppo d'interesse, ma una comunità di uomini liberi che gratuitamente dà, e che attraversa nazioni e culture, il tempo e lo spazio.

Ci sono stati errori iniziali?

Probabilmente sì, ma ora non so dirlo nel dettaglio. Forse in seguito si commettono più errori perché non si è più tanto cauti come all'inizio.

A proposito di inizio: non La opprimeva anche la sensazione di essere imprigionato? In altre parole: a volte il Papa "se la squaglia", volendosi esprimere in termini un po' colloquiali?

Non lo faccio. Ma certo è una perdita il fatto di non poter più fare una gita, andare a trovare gli amici, stare semplicemente a casa propria, come allora nella mia casa di Pentling, oppure andare in giro per la città con mio fratello, fermarsi in un ristorante qualsiasi o andare a vedere qualcosa per conto proprio; ma più si diventa anziani, meno si diventa intraprendenti, e così questa perdita si sopporta con maggiore facilità.

Alcuni pensano che il Papa viva in una sorta di isolamento, respiri per così dire solo aria filtrata e non sappia più cosa accade "là fuori". Non conoscerebbe veramente i problemi e le necessità della gente.

Naturalmente io non posso leggere tutti i giornali e incontrare chiunque. Ma credo che pochi al mondo incontrino tante persone quanto me. Per me sono importanti soprattutto gli incontri con i vescovi di tutto il mondo. Sono persone che stanno con i piedi ben piantati per terra e non vengono perché vogliono qualcosa, ma per parlare con me della Chiesa e della vita in quel luogo. Così posso apprendere le cose del mondo in modo molto più umano, personale, realistico, e persino vederle più da vicino rispetto a quello che mi permetterebbe la lettura dei giornali. E così vengo a conoscenza di molte informazioni di prima mano.

Ogni tanto si aggregano anche una madre, una sorella o un amico per dirmi questo o quello. Non si tratta di visite ufficiali, ma di visite che hanno accenti molto umani. Poi naturalmente mi è molto cara la famiglia pontificia. E ci sono le visite di amici dei vecchi tempi. In generale, dunque, posso affermare di non vivere in un mondo artificiale circondato da cortigiani, bensì – attraverso numerosi incontri – di vivere il mondo normale direttamente ed in prima persona, di sperimentare la quotidianità di questo nostro tempo.

Il Papa segue giornalmente le notizie?

Certo, anche questo.

Nella storia ci sono stati Papi e antipapi, ma raramente – forse mai – sono esistiti due Successori di Pietro che, come Giovanni Paolo II e Benedetto XVI, si sono integrati talmente da costituire una sorta di Pontificato del millennio. Il Suo predecessore si è interessato agli sviluppi sociali errati a livello globale, in particolare nell'Est europeo; oggi l'interesse centrale è per la Chiesa stessa. È possibile affermare che in ciò che li distingue, Giovanni Paolo II e Benedetto XVI si completino perfettamente? L'uno in un certo qual modo ha arato, l'altro sta seminando; l'uno ha dischiuso, l'altro sta riempiendo?

Forse è eccessivo affermarlo. I tempi cambiano. Nel frattempo è sorta una nuova generazione, con nuovi problemi. La generazione del '68 con la sua peculiarità si è affermata ed è passata. Anche la generazione successiva, più pragmatica, sta invecchiando. Oggi bisogna effettivamente domandarsi questo: come venire a capo di un mondo che minaccia se stesso e nel quale il progresso diviene un pericolo? Non dobbiamo forse nuovamente ricominciare da Dio?

La nuova generazione si pone la questione di Dio in modo diverso rispetto a quella precedente. Anche la nuova generazione ecclesiale è diversa, più positiva rispetto a quella di rottura degli anni '70.

Lei si è proposto di dedicarsi ad un rinnovamento interno della Chiesa. Bisogna assicurarsi, dice, che "la Parola di Dio venga preservata nella sua grandezza e risuoni di nuovo nella sua purezza, così che non venga danneggiata dal continuo mutare delle mode". Nel Suo libro su Gesù spiega: "La Chiesa ha sempre bisogno di purificarsi, il singolo ha continuamente bisogno di purificarsi... tutto ciò che è divenuto troppo grande, deve essere ricondotto alla semplicità e alla povertà del Signore". Nel mondo dell'impresa si parlerebbe di ritorno alle origini, al core business. *Che cosa significa in concreto questo rinnovamento interno per il Suo governo?*

Significa, da un lato capire che cosa ci si trascina dietro di superfluo ed inutile, dall'altro comprendere qual è il miglior modo possibile per fare l'essenziale, affinché, in questa epoca, possiamo veramente ascoltare, vivere ed annunciare la Parola di Dio.

L'Anno Paolino e l'Anno Sacerdotale sono stati due tentativi di dare un impulso in questa direzione. Richiamare l'attenzione sulla figura di san Paolo significa considerare il Vangelo nella sua originaria vitalità, semplicità e radicalità, renderlo di nuovo contemporaneo. L'Anno Sacerdotale, in un momento in cui il sacramento dell'Ordine viene tanto insudiciato, ha dovuto presentare di nuovo il compito immutabile e unico di questo ministero nella sua bellezza, nonostante tutte le sofferenze e tutti i fatti terribili. Dobbiamo cercare di coniugare umiltà e grandezza e di ridare così al sacerdote nuovo coraggio e gioia per il sacerdozio.

Anche i Sinodi servono a quello scopo, come ad esempio il Sinodo sulla Parola di Dio in cui già solo il libero scambio di opinioni è stato molto importante.

Oggi si tratta di mettere in luce i grandi temi e, nello stesso tempo, come con l'Enciclica *Deus caritas est*, "Dio è amore", di rendere di nuovo visibile il nocciolo dell'essere cristiani e così anche la semplicità dell'essere cristiani.

Un grande tema che Le sta a cuore è il riavvicinamento fra religione e razionalità. Perché fede e ragione vanno insieme? Non si potrebbe semplicemente "soltanto" credere? Gesù dice: "Beati quelli che pur non avendo visto crederanno".

Il non vedere è un aspetto, ma anche la fede di chi non vede deve avere le sue motivazioni. Gesù stesso ha reso la fede assolutamente intelligibile, presentandola nella sua intrinseca unità e nella sua continuità con l'Antico Testamento, con tutti i comandi di Dio: come fede nel Dio Creatore e Signore della storia, del quale la storia è testimone e del quale la creazione parla.

È interessante che questa razionalità essenziale fosse un elemento fondamentale della fede già nell'Antico Testamento. E che, in particolare nel periodo dell'esilio babilonese, si dica: "Il nostro Dio non è uno dei tanti; Egli è il Creatore; il Dio del cielo; l'unico Dio". Così si avanza una pretesa, la cui universalità si basa proprio sulla sua ragionevolezza. Questo nocciolo in seguito diventò il punto di incontro fra l'Antico Testamento e l'Ellenismo. Infatti, più o meno nello stesso momento in cui l'esilio babilonese mette in particolare risalto questo tratto nell'Antico Testamento, sorge anche la filosofia greca che, al di là delle varie divinità, si interroga sull'unico Dio. Il grande compito della Chiesa resta quello di legare l'una all'altra fede e ragione, ovvero lo sguardo che va oltre l'afferrabile e la responsabilità razionale. Infatti, la ragione è un dono di Dio ed è ciò che contraddistingue l'uomo.

Qual è il carisma speciale che porta con sé un Papa della Germania? Per quasi mille anni i tedeschi sono stati a capo del Sacro Romano Impero. La ricerca profonda della conoscenza è un altro elemento fondamentale della storia della cultura tedesca, incarnato da mistici come il Maestro Eckhart, da eruditi di livello universale come Alberto Magno, fino a Goethe, Kant e Hegel. La Germania è però anche la terra dello scisma della Chiesa, la culla del comunismo scientifico che prometteva il paradiso sulla terra piuttosto che nei cieli. E, non da ultimo, la Germania è stata teatro di un regime veramente diabolico, che aveva scritto sui suoi vessilli l'annientamento totale degli ebrei, il popolo eletto da Dio.

Come Lei stesso ha accennato, la Germania ha una storia stratificata, contraddittoria e drammatica. Una storia piena di colpe e di sofferenze, ma anche una storia di umana grandezza; una storia di santità; una storia di grande forza conoscitiva. In questo senso non esiste *il* carisma tedesco.

Lei ha accennato al fatto che alla storia della cultura tedesca appartiene in particolare anche la riflessività. Per lungo tempo questo elemento fu considerato suo tratto peculiare. Oggi probabilmente si considererebbero tipicamente tedesche doti come la capacità realizzativa, la forza o la capacità di affermarsi. Io penso che Dio, scegliendo come Papa un professore, abbia voluto mettere in risalto proprio questo elemento della riflessività e della lotta per l'unità tra fede e ragione.

8

NEI PANNI DEL PESCATORE

Le Sue occhiaie scure, all'inizio, sono state considerate, se permette, il Suo tratto distintivo. Alla fine dell'era di Giovanni Paolo, si dice che, già solo a causa della sua malattia, erano rimaste molte cose da fare.

È vero, a volte Giovanni Paolo II ha indugiato a prendere delle decisioni. Ma nel complesso il disbrigo degli affari correnti era senz'altro garantito dai collaboratori che aveva scelto. E in ogni caso le grandi decisioni ha continuato a prenderle. Soffriva, ma era informato. In questo senso la macchina della Chiesa è stata, per così dire, sempre in funzione.

Non è un segreto che Giovanni Paolo II non si sia particolarmente occupato – né particolarmente interessato – delle esigenze della Curia romana.

Ciononostante ha fatto la riforma della Curia e le ha conferito l'attuale struttura. Anche se delegava molte decisioni ai suoi collaboratori, aveva presente l'insieme e di certo si è sempre assunto le responsabilità decisive.

La lunga malattia ha bloccato propositi di riforma che, altrimenti, sarebbero stati realizzati già da tempo?

Non credo. Egli ha lasciato segni talmente importanti che – dopo i grandi slanci, i tanti nuovi annunci, le Encicliche, i Viaggi apostolici ed i relativi programmi – era necessario un periodo di raccoglimento, grazie al quale poter meglio approfondire e gradualmente assimilare tutte quelle cose. Nell'ultimo periodo della sua vita, Giovanni Paolo II ha anche pubblicato nuovi testi veramente commoventi, come ad esempio la Lettera apostolica *Tertio millennio adveniente* sulla preparazione del Giubileo dell'anno 2000. È un testo che scalda il cuore, quasi poetico.

Il periodo della sua sofferenza non è stato vano. Credo che per la stessa Chiesa sia stato molto importante ricevere, e tanto più dopo un'attività così imponente, la lezione della passione e vedere che la Chiesa può essere guidata anche attraverso la passione e che essa proprio attraverso la passione matura e vive.

Questa passione sembrò poter raddrizzare la barca della Chiesa che navigava con la chiglia all'insù. Dalla notte al giorno, come d'improvviso, emerse una nuova generazione di persone giovani e profondamente credenti della quale fino ad allora a stento si era percepita l'esistenza.

La partecipazione al dolore è stata potente. Era evidente che la lezione del Papa sofferente era stata un insegnamento che andava al di là del magistero espresso del Papa. La compassione e lo sgomento, l'incontro, in certo qual modo, con la passione di Cristo hanno colpito al cuore le persone più profondamente di quanto il Papa aveva potuto fare con una normale attività. Si è trattato veramente di un nuovo inizio, di un rinnovato amore per quel Papa. Ma non direi che questo ha prodotto una svolta radicale nella Chiesa. Nella storia mondiale ci sono tanti attori e si registrano gli effetti di tante azioni. Però è stato un momento nel quale improvvisamente si è potuto vedere il potere della Croce.

La Sua elezione a 265esimo Capo della Chiesa universale fu accolta con un entusiasmo senza pari dalle organizzazioni ebraiche. Secondo Israel Singer – allora Presidente del Congresso Ebraico Mondiale –, Joseph Ratzinger, quando era Prefetto della Congregazione della Dottrina della Fede, aveva gettato le fondamenta per un avvicinamento fra le due religioni e ha "cambiato in senso positivo la storia bimillenaria dei rapporti fra Ebraismo e Cristianesimo".

Lei è stato il primo Papa a invitare un Rabbino a parlare di fronte al Sinodo dei Vescovi. Ha sospeso il processo di beatificazione di un sacerdote francese al quale erano stati attribuiti discorsi antisemiti. Ha visitato più sinagoghe di qualsiasi altro Papa. Il quotidiano "Süddeutsche Zeitung" scrisse allora: "Egli riconosce l'origine ebraica del Cristianesimo come mai nessun altro Papa prima di lui".

Inoltre, il Suo primo atto quale Successore di Pietro è stata una lettera alla Comunità ebraica di Roma. Si trattò di un gesto simbolico che voleva essere indicativo di una nota dominante del Suo Pontificato?

Senza dubbio. Devo dire che sin dal primo giorno dei miei studi teologici mi è stata in qualche modo subito chiara la profonda unità fra Antica e Nuova Alleanza, tra le due parti della nostra Sacra Scrittura. Avevo compreso che avremmo potuto leggere il Nuovo Testamento soltanto insieme con ciò che lo ha preceduto, altrimenti non lo avremmo capito. Poi naturalmente quanto accaduto nel Terzo Reich ci ha colpito come tedeschi e tanto più ci ha spinto a guardare al popolo d'Israele con umiltà, vergogna e amore.

Già nella mia formazione teologica, come ho detto, queste cose si sono intrecciate ed hanno segnato il percorso del mio pensiero teologico. Dunque era chiaro per me – ed anche qui in assoluta continuità con Giovanni Paolo II – che per il mio annuncio della fede cristiana doveva essere essenziale questo nuovo intrecciarsi, amorevole e comprensivo, di Israele e Chiesa, basato sul rispetto del modo di essere dell'altro e della rispettiva missione.

Il Suo predecessore definiva gli ebrei "nostri fratelli maggiori" mentre Lei parla di "Padri nella fede".

L'espressione "fratello maggiore" già utilizzata da Giovanni XXIII non è particolarmente bene accolta dagli ebrei perché nella tradizione ebraica il "fratello maggiore", ovvero Esaù, è anche il fratello abietto. La si può comunque utilizzare perché esprime qualcosa di importante. Ma è giusto che essi siano anche i nostri "Padri nella fede". E forse quest'ultima espressione descrive con maggiore chiarezza il nostro rapporto.

Ben presto dopo la Sua elezione apparve con chiarezza un nuovo stile. Non più un Papa che volava da un evento all'altro; niente più udienze a dismisura, anzi vengono ridotte della metà. Lei ha dispensato dal baciamano, che tuttavia tutti continuano a fare. Poi, dallo stemma pontificio è scomparsa la tiara, simbolo del potere temporale del Papa. Inoltre, il Suo predecessore usava parlare in prima persona, mentre Benedetto XVI ha reintrodotto il "noi". Perché?

Vorrei fare due precisazioni. La tiara era già stata eliminata da Paolo VI.

...e venduta per donare il ricavato ai poveri.

Era comunque rimasta nello stemma papale, e adesso è sparita anche da lì. Non ho cancellato l'"io", ma ho lasciato entrambi, l'"io" e il "noi". Infatti, su molti argomenti non dico solo quello che è venuto in mente a Joseph Ratzinger, ma parlo a partire dalla comunitarietà, dal carattere comunitario della Chiesa. Allora parlo, in certo qual modo, in intima comunione con i credenti, ed esprimo ciò che tutti noi siamo e quello in cui insieme crediamo. Quindi, il "noi" non ha il valore di plurale *maiestatis*, ma indica il giusto peso che si vuole dare alla realtà del parlare a partire dagli altri, per mezzo degli altri e con gli altri. Ma quando si dice qualcosa di personale, bisogna anche utilizzare l'"io". Ci sono quindi ambedue, sia l'"io", sia il "noi".

Nell'ottobre del 2005, Lei ha ridotto la durata del Suo primo Sinodo dei Vescovi da quattro settimane a tre. Inoltre viene introdotto il dibattito libero e Lei ha invitato un numero maggiore di "delegati fraterni" di altre Chiese. Nello stesso tempo, ha reintrodotto la prassi degli incontri regolari con tutti i capi dicastero per promuovere lo scambio di vedute nella Curia. E tuttavia, le decisioni relative alla scelta delle persone a volte sono considerate problematiche, soprattutto se si tratta della cerchia più ristretta intorno al Papa. È questo il Suo punto debole?

Credo che la riduzione della durata del Sinodo sia stata ben accolta da tutti. Per un vescovo infatti assentarsi dalla propria diocesi per quattro settimane è semplicemente troppo. Un vescovo partecipa al governo della Chiesa universale anche proprio governando *rettamente* la sua Chiesa locale e tenendola unita all'interno. Si è mostrato che una certa concisione è senz'altro realizzabile.

Ritenevo importante che non venissero letti soltanto discorsi su discorsi già predisposti – dai quali poi non scaturiva alcun dialogo – ma che ci fosse l'occasione di esprimere liberamente ciò che il cuore suggeriva e scaturisse in tal modo un dialogo autentico.

Le decisioni sulle persone sono difficili perché nessuno può guardare nel cuore dell'altro e nessuno è esente da errori. Per questo sono più prudente, più timoroso e prendo le decisioni soltanto dopo molte consultazioni. Credo che negli annni scorsi sia stata presa una serie di decisioni veramente riuscite sulle persone; anche nell'episcopato tedesco.

Gli osservatori notano che nella Curia romana assumono sempre più ruoli di responsabilità gli appartenenti agli Ordini religiosi. Il quotidiano "Il Foglio" ha già parlato di una "svolta copernicana" della politica vaticana in questo senso. I critici invece desidererebbero dimostrare "infiltrazioni di fondamentalisti". La scelta di consacrati appartenenti agli Ordini che hanno fatto voto di povertà, castità e obbedienza vuole essere una sorta di antidoto al carrierismo e agli intrighi che non mancano neanche in Vaticano?

Sono stati chiamati una serie di religiosi perché lì vi è una riserva di persone veramente valide che hanno grandi capacità e che sono persone di autentica spiritualità. Ma non è vero che la loro presenza è aumentata a dismisura. Cerco di trovare la persona giusta, che si tratti di un appartenente ad un Ordine o di un sacerdote diocesano. Quello che è decisivo è che la persona abbia le qualità giuste, sia di autentica spiritualità, veramente credente e soprattutto sia un uomo coraggioso.

Penso che il coraggio sia una delle principali qualità che un vescovo e un responsabile di Curia debbano possedere oggi. Significa anche non piegarsi al *diktat* delle opinioni dominanti, ma agire per convinzione interiore, anche se così si avranno delle difficoltà. E naturalmente deve trattarsi di persone dalle spiccate qualità intellettuali, professionali ed umane, capaci di guidare e di inserire gli altri in una comunità familiare. Ad esempio, quando ero Prefetto della Congregazione per la Dottrina della Fede, ho giudicato molto importante che fossimo una comunità, che non litigassimo, ma fossimo una famiglia. Reputo molto importante questa capacità di avvicinare gli uni agli altri e di creare uno spirito di squadra.

Un Papa parla anche con i gesti e con gli atteggiamenti, con i segni e con i simboli. Ha destato scalpore la scelta, quale copricapo invernale, dell'ormai famoso camauro, un berretto a punta indossato l'ultima volta da Giovanni XXIII. È solo un accessorio, oppure mettendolo intendeva esprimere il ritorno nella Chiesa a forme antiche e consolidate?

L'ho indossato una sola volta. Avevo semplicemente molto freddo e la testa è per me un punto molto sensibile. E mi sono detto: "Visto che c'è, mettiamo questo camauro". Ma è stato veramente solo il tentativo di difendermi dal freddo. Da allora non l'ho più indossato. Perché non nascessero inutili interpretazioni.

9

ECUMENE E DIALOGO CON L'ISLAM

L'impegno ecumenico si è rivelato ben presto come uno dei tratti più caratteristici di questo Pontificato. Il Papa promette di impegnarsi senza risparmio di energie "alla ricostituzione della piena e visibile unità" dei cristiani. Gli osservatori considerano il rivolgersi all'Ortodossia come una mossa strategica per costruire la porta che conduce all'unità esattamente lì dove c'è il maggiore accordo.

L'impegno ecumenico è complesso e presenta molti volti. C'è l'intera Ortodossia, multiforme già di per sé, poi il Protestantesimo mondiale in cui le confessioni classiche si differenziano dal nuovo Protestantesimo che è in crescita e che rappresenta un segno dei tempi. Il luogo in cui, per così dire, siamo più a casa nostra di altri e in cui abbiamo maggiori speranze di incontrarci è l'Ortodossia.

Già Paolo VI e Giovanni Paolo II si erano molto curati dell'Ortodossia. Io stesso sono sempre stato in stretto contatto con alcuni ortodossi. Quando ero professore a Bonn e a Ratisbona, fra i miei allievi c'erano anche studenti ortodossi e ho avuto l'opportunità di stringere numerose amicizie in ambito ortodosso. Cattolici e ortodossi hanno la medesima struttura fondamentale della Chiesa delle origini, quindi è naturale che mi batta in modo particolare per questo incontro. Nel frattempo, qui sono nate amicizie autentiche. Sono molto grato per l'affetto manifestatomi dal Patriarca Ecumenico Bartolomeo, che certo non si comporta così per adempiere ad una sorta di formale obbligo ecumenico. L'amicizia e la fraternità che ci legano sono autentiche.

E molto grato sono anche per l'amicizia e per il grande affetto che mi dimostra il Patriarca Kirill.

La visita del Patriarca di Mosca Kirill è stata la prima dopo la Sua elezione a Papa.

A quel tempo non era ancora Patriarca della Chiesa Ortodossa Russa, ma Presidente del Dipartimento per le Relazioni Ecclesiastiche Esterne, una specie di Ministro degli Esteri. Ci siamo capiti subito. Kirill porta in sé una sorta di letizia, una fede dei semplici, incarna per così dire la semplicità dell'anima russa e, nello stesso tempo, quella decisione e quella cordialità che le sono proprie. Così fra noi è nata subito una buona intesa.

Ritengo sia molto importante che questo grande mondo ortodosso, con le sue tensioni interne, veda anche la profonda unità che c'è con la diversa Chiesa latina diffusa in tutto il mondo. Che, nonostante tutte le differenze sorte nel corso dei secoli e condizionate da divisioni culturali e di altro genere, veramente ci incontriamo e ci comprendiamo di nuovo nella nostra profonda vicinanza spirituale. Su questo piano penso che stiamo compiendo dei progressi. Non si tratta di progressi di natura tattica o politica, ma di un avvicinamento che scaturisce dall'essere nel profondo rivolti gli uni verso gli altri. Trovo questo qualcosa di molto confortante.

Ma perché, come Lei ha detto, questo avvicinamento dovrebbe rivestire un grande significato per il "futuro della storia universale"?

Perché in questo avvicinamento diviene nuovamente visibile la nostra comune responsabilità per il mondo. Possiamo litigare in continuazione su tante cose. Oppure, a partire proprio da ciò che abbiamo in comune, possiamo rendere un servizio comune. E il mondo, questo ha evidenziato il nostro dialogo, ha bisogno di una forte dose di testimonianza motivata, fondata spiritualmente e sostenuta dalla ragione, dell'unico Dio che ci parla in Cristo. Per questo il nostro stare insieme è di enorme importanza. Anche Kirill lo sottolinea, soprattutto per quel che riguarda il dibattito sulle grandi questioni etiche. Non siamo moralisti, ma a partire dal fondamento della fede, siamo portatori di un messaggio etico che dà orientamento agli uomini. E fare questo insieme è della massima importanza nella crisi dei popoli.

Secondo il vescovo di Ratisbona e responsabile per l'ecumenismo Gerhard Ludwig Müller, fra cattolici e ortodossi l'unità si sarebbe raggiunta per il 97%. Il mancante 3% sarebbe dovuto a questioni relative al Primato ed alla giurisdizione del Papa. Lei non solo ha tolto dal Suo stemma la tiara quale simbolo del potere temporale, ma ha anche fatto cancellare dai Suoi appellativi il titolo di "Patriarca d'Occidente". Il Vescovo di Roma sarebbe soltanto un primus inter pares. *Nel 2000, quando era ancora cardinale, significativamente nella dichiarazione* Dominus Iesus, *che reca la Sua firma, spiegò che esistono "vere Chiese particolari", "sebbene manchi la piena comunione con la Chiesa Cattolica, in quanto non accettano la dottrina cattolica del Primato".*
Benedetto XVI riformerà il Papato in favore dell'unità del Cristianesimo?

Adesso naturalmente sarebbero necessarie alcune precisazioni. "Il primo fra pari" non è esattamente la formula in cui crediamo noi cattolici. Il Papa è primo ed ha anche funzioni e compiti specifici. In questo senso non sono tutti pari. "Primo fra pari" è una formula che l'Ortodossia accetterebbe senz'altro. Essa riconosce che il Vescovo di Roma, il *Protos*, è il primo, e questo fu già stabilito nel Concilio di Nicea. Tuttavia, la questione è appunto: egli ha compiti specifici oppure no? Anche la citazione tratta dalla *Dominus Iesus* è complessa. Si tratta però di controversie che richiederebbero una più accurata spiegazione di quella che ora il tempo ci consente di dare...

Significa che Papa Ratzinger contraddice il cardinale e il custode della fede Ratzinger?

No, è l'eredità del Concilio Vaticano II e di tutta la storia della Chiesa che ho difeso. Il passo citato significa che le Chiese orientali[3] sono vere Chiese particolari, sebbene non siano in comunione con il Papa. In questo senso l'unità con il Papa non è costitutiva per la Chiesa particolare. Però è senz'altro così che la mancanza di unità è anche una mancanza interna della Chiesa particolare. Infatti, la Chiesa particolare è preordinata ad appartenere ad un insieme. Per questo la mancata comunione con il Papa rappresenta, per così dire, un'insufficienza di questa cellula vitale. Resta una cellula, può chiamarsi Chiesa, ma nella cellula manca un elemento, e cioè il collegamento con l'intero organismo.

Non sarei ora nemmeno così coraggioso come il vescovo Müller da affermare che al ristabilimento della piena unità manca solo il 3%. Ci sono soprat-

[3] Si intendono le Chiese Ortodosse e le Antiche Chiese Orientali [ndr].

tutto enormi differenze storiche e culturali. Al di là delle questioni dottrinali, c'è ancora del cammino da fare in quel venirsi incontro fatto di passi che sgorgano dal cuore. Su questo, Dio deve ancora lavorare su di noi. Di conseguenza non oserei nemmeno fare profezie relative ai tempi.

È importante che ci vogliamo veramente bene, che siamo in una unità interiore, che ci veniamo incontro e che collaboriamo quanto più possiamo, cercando di lavorare insieme sulle rimanenti questioni aperte. E nel fare tutto questo, dobbiamo sempre tener presente che Dio deve aiutarci, che da soli non ce la facciamo.

In ogni caso il Metropolita greco-ortodosso Agostino oggi considera possibile un Primato d'onore del Papa per tutti i cristiani. Anche il vescovo luterano Johannes Friedrich ha parlato di un limitato riconoscimento del Papa come "portavoce ecumenicamente riconosciuto della cristianità mondiale". È questo che Lei intende quando afferma che oggi le Chiese dovrebbero trarre ispirazione dall'esempio del primo millennio?

Anche degli anglicani hanno affermato che potrebbero ipotizzare un Primato d'onore del Papa di Roma, fra l'altro nel ruolo di portavoce della cristianità. Naturalmente si tratta già di un passo rilevante. E nei fatti il mondo già considera le prese di posizione del Papa sui grandi temi etici come la voce della cristianità. Il Papa stesso è attento, quando affronta certi argomenti, a parlare per i cristiani e a non mettere in risalto in maniera specifica la dimensione cattolica; per quest'ultima vi è un altro posto.

In questo senso vi è già la possibilità che il Vescovo di Roma, semplicemente per la posizione che la storia gli ha attribuito, fino ad un certo punto parli a nome di tutti i cristiani. Anche questo è un fattore ecumenico importante che mostra un'unità visibile dell'intera cristianità mai andata completamente perduta. Ma è un elemento che non si può sopravvalutare. Restano contrasti a sufficienza. D'altronde bisogna essere grati per il fatto che qualcosa del genere esista.

Lei ha già incontrato il Patriarca Ecumenico di Costantinopoli. Per quanto riguarda la Chiesa Ortodossa Russa, il Presidente del Dipartimento per le Relazioni Ecclesiastiche Esterne, il Metropolita Hilarion ha affermato: "Si avvicina il momento in cui sarà possibile preparare un incontro tra il Papa e il Patriarca di Mosca". Questo incontro sarebbe un evento di portata mondiale. Lo ritiene possibile ancora durante questo Pontificato?

Dipende da quanti anni di vita mi concederà ancora il buon Dio, ma spero di sì. È stato già un gesto molto bello che il Patriarca, qui a Roma, in occasione del quinto anniversario del mio Pontificato, abbia organizzato un concerto in mio onore, per mezzo di Hilarion, che è egli stesso un compositore; così ho assistito all'esecuzione di una sua composizione. Ci sono quindi molteplici contatti. L'opinione pubblica ortodossa in Russia va tuttavia preparata ad una cosa del genere. Infatti è ancora diffusa una certa paura della Chiesa Cattolica. Bisogna attendere con pazienza, non precipitare nulla. In ogni caso, da entrambe le parti c'è la volontà che l'incontro avvenga, e matura sempre più il contesto in cui potrà avvenire.

Un incontro non troppo lontano fra Roma e Mosca è possibile?

Direi di sì.

Anche per quanto riguarda il problema dell'unità della Chiesa in Cina sono stati compiuti dei progressi. Nel frattempo quasi tutti i vescovi nominati dalle autorità statali cinesi sono stati riconosciuti anche da Roma. Entrambe le parti considerano vicina la meta di un'unificazione fra la comunità cattolica riconosciuta dallo Stato e quella non riconosciuta. Pensa che questa unificazione possa avvenire nell'era benedettina sempre che Dio, come Lei stesso ha detto, Le conceda lunga vita?

Lo spero. La preghiera di Gesù per l'unità di tutti coloro che credono in Lui (*Gv* 17) porta i suoi frutti anche in Cina. Tutta la Chiesa che è in Cina è chiamata a vivere in un'unità spirituale più profonda, nella quale matura anche un'armoniosa unità gerarchica in comunione con il Vescovo di Roma. Naturalmente si presenteranno sempre nuovi ostacoli. Ma abbiamo già compiuto un bel tratto di strada; e, come ha detto Lei stesso, la stragrande maggioranza dei vescovi che in passato erano stati nominati senza mandato apostolico da Roma, nel frattempo ha riconosciuto il Primato e quindi è entrata in comunione con Roma. Anche se sorgeranno sempre difficoltà inaspettate, si ha la grande speranza di poter superare definitivamente questa divisione. È un obiettivo che mi sta particolarmente a cuore e per il quale prego ogni giorno il Signore.

Come si è giunti a uno sviluppo che fino a poco tempo fa nessuno avrebbe potuto immaginare?

I fattori che hanno promosso lo sviluppo positivo della Chiesa Cattolica in Cina sono molteplici. Ne cito alcuni. Da una parte il vivo desiderio di essere in unione con il Papa è sempre stato presente nei vescovi ordinati in maniera illegittima. Ciò ha permesso a tutti loro di percorrere il cammino verso la comunione, lungo il quale sono stati accompagnati dall'opera paziente compiuta con ognuno di loro singolarmente. In questo c'è stata una consapevolezza cattolica di fondo che si è veramente vescovo proprio in questa comunione. Dall'altra parte, i vescovi ordinati clandestinamente e quindi non riconosciuti dalle autorità statali, possono trarre vantaggio dal fatto che, anche solo per motivi di opportunità politica, non è utile rinchiudere in carcere e privare della libertà vescovi cattolici a motivo della loro appartenenza a Roma. Si tratta di un presupposto irrinunciabile e nello stesso tempo di un aiuto decisivo per pervenire alla piena unità fra le due comunità cattoliche.

Il dialogo ecumenico con i protestanti sembra problematico. Nell'Ortodossia comunque non è all'ordine del giorno. Il divario si è fatto troppo profondo. Ma anche secondo alcuni vescovi cattolici, porzioni delle Chiese protestanti avrebbero abbandonato molte delle loro tradizioni sotto la pressione della modernità. Negli anni Settanta si sarebbero orientate al socialismo, poi all'ecologia e oggi al femminismo, con una nuova tendenza verso la promozione dell'equità fra i generi, il cosiddetto gender mainstreaming. *Il dialogo verrebbe condotto in realtà con lo scopo di protestantizzare la Chiesa Cattolica, che viene rappresentanta come retrograda, al fine di potersi proporre come possibile alternativa.*

Per evitare ulteriori delusioni non sarebbe dunque più sincero dire: "Bene, siamo amici. Collaboriamo in un'azione cristiana comune, ma un'unificazione purtroppo non è possibile, perché ognuna delle parti la pagherebbe con il sacrificio di se stessa".

Innanzitutto, bisogna considerare quanto sia differenziato il Protestantesimo a livello mondiale. Il Luteranesimo è infatti solo una parte del Protestantesimo mondiale. Ci sono i riformati, i metodisti e così via. Poi c'è il grande fenomeno nuovo degli "evangelicali", che si diffondono con uno slancio poderoso e stanno per modificare l'intero panorama religioso nei Paesi del Terzo Mondo. Quando dunque si parla di dialogo con il Protestantesimo, bisogna considerare questa diversificazione che varia anche da Paese a Paese.

Di fatto bisogna ammettere che il Protestantesimo ha compiuto passi che lo portano lontano da noi, come l'ordinazione delle donne, l'accettazione delle coppie omosessuali ed altre cose simili. Inoltre, altre prese di posizione su problemi etici e modi di conformarsi allo spirito attuale rendono difficile il dialogo. Allo stesso tempo, anche nelle comunità protestanti vi sono naturalmente persone che con ardore promuovono la sostanza vera e propria della fede e non approvano questi atteggiamenti delle loro Chiese istituzionali.

E allora dovremmo dire: in quanto cristiani dobbiamo trovare una base comune, come cristiani dobbiamo essere in grado di parlare ad una voce sui grandi temi e testimoniare Cristo come Dio vivente. Non potremo realizzare la piena unità in un prossimo futuro, ma facciamo tutto il possibile per compiere una missione comune in questo mondo, per dare una testimonianza comune.

È vero che il Papa non considera i protestanti una Chiesa, ma, a differenza della Chiesa d'Oriente, soltanto una comunità ecclesiale? Da fuori appare come una definizione umiliante.

L'espressione "comunità ecclesiale" è propria della terminologia del Concilio Vaticano II. Il Concilio segue una regola molto semplice: la Chiesa in senso proprio sta, secondo noi, là dove esiste l'episcopato nella successione sacramentale degli apostoli e con ciò l'Eucaristia come sacramento celebrato dal vescovo e dai sacerdoti.

Dove questo manca, c'è un'altra realtà, un nuovo modo di intendere la Chiesa che noi, nel Concilio Vaticano II, abbiamo definito "comunità ecclesiale". Questa definizione doveva indicare che sono Chiese in maniera diversa; che non sono, come esse stesse affermano, Chiese inserite nella grande tradizione antica, bensì scaturite da una nuova concezione secondo la quale la Chiesa non consiste in una istituzione, ma nella dinamica della Parola che riunisce le persone e le rende comunità.

Perciò questa terminologia rappresenta un tentativo di cogliere la particolarità della cristianità protestante e di esprimerla in positivo. È sempre possibile trovare parole migliori, ma la differenza fondamentale è legittima. È data anche solo dal punto di vista storico.

Inoltre, bisogna ancora una volta sottolineare che le situazioni ecclesiali delle singole comunità protestanti sono molto diverse fra loro. Anche tra loro si definiscono in modo molto differente, per cui non è possibile parlare *della* Chiesa Protestante. Si tratta semplicemente di capire che il Cristianesimo nel Protestantesimo ha operato, per così dire, uno spostamento di accento e che noi tentiamo di comprenderlo, di riconoscerci in quanto cristiani e, come cristiani, di prestare un servizio insieme.

E per quanto riguarda la definizione di ciò che è Chiesa, nemmeno un Papa può dire altro?

No. Non ne può disporre. È vincolato al Concilio Vaticano II.

L'impegno ecumenico della Santa Sede rispetto alle comunità ecclesiali in Occidente si è concentrato sugli anglicani, sulla Federazione Luterana Mondiale, sull'Alleanza Mondiale delle Chiese Riformate e sul Consiglio Metodista Mondiale. Le porte di Roma sono già aperte a quegli anglicani che hanno espresso il desiderio di far parte della Chiesa Cattolica. Con la Costituzione apostolica da Lei emanata su questo punto, sorge per la prima volta una struttura giuridica e organizzativa per Chiese particolari. Finora l'immagine dell'unità era legata a quella del ritorno alla Chiesa latina. Si è creato un precedente per eventuali altri gruppi desiderosi di seguire quell'esempio?

È in ogni caso un tentativo di rispondere a una sfida specifica. L'iniziativa non è partita da noi, ma da vescovi anglicani che hanno intrapreso un dialogo con la Congregazione per la Dottrina della Fede, cercando una forma che permettesse di venirsi incontro.

Hanno affermato di condividere pienamente la fede definita nel Catechismo della Chiesa Cattolica. Hanno detto che è esattamente la loro fede. Ora bisogna vedere fino a che punto possono salvaguardare la propria tradizione, la forma di vita loro propria, con tutta la ricchezza che contiene.

Quindi è un progetto nato come una proposta. Non è ancora possibile affermare sino a che punto verrà utilizzato, sino a che punto verrà tradotto in realtà, quali sviluppi e quali variazioni avranno luogo. Tuttavia è pur sempre un segno di flessibilità da parte della Chiesa Cattolica. Non vogliamo creare nuove Chiese uniate, ma desideriamo offrire la possibilità alle tradizioni delle Chiese particolari – tradizioni che si sono sviluppate al di fuori della Chiesa Romana – di essere in comunione con il Papa e quindi di entrare nella comunione cattolica.

Il 12 settembre 2006, il Suo Discorso all'Università di Ratisbona ha scatenato un'accesa controversia nelle relazioni tra Chiesa e musulmani. Ha citato un passo tratto da un antico libro che riportava il dialogo fra l'imperatore bizantino e un erudito persiano su Cristianesimo e Islam.[4]

---

[4] La *lectio magistralis* di Joseph Ratzinger – Benedetto XVI aveva per tema: "Fede, ragione e Università. Ricordi e riflessioni". Segue il passo in cui Benedetto XVI cita l'affermazione dell'imperatore bizantino Manuele Paleologo.

"Senza soffermarsi sui particolari, come la differenza di trattamento tra coloro che possiedono il 'Libro' e gli 'increduli', egli, in modo sor-

In seguito, in alcuni Paesi islamici vennero incendiate chiese e giornalisti occidentali scrissero articoli furenti.

Quel discorso è stato poi catalogato come il primo errore del Suo Pontificato. Lo fu veramente?

Avevo concepito e tenuto quel discorso come una lezione strettamente accademica, senza rendermi conto che il discorso di un Papa non viene considerato dal punto di vista accademico, ma da quello politico. Da una prospettiva politica non si considerò il discorso prestando attenzione ai particolari; fu invece estrapolato un passo e dato ad esso un significato politico, che in realtà non aveva. Quel passo trattava di un antico dialogo che, ora come allora, considero di grande interesse.

L'Imperatore Manuele, di cui si parla, a quel tempo era già vassallo del Regno ottomano. Non poteva quindi scagliarsi contro i musulmani; ma, nell'ambito di un dialogo intellettuale, poteva porre

---

prendentemente brusco, brusco al punto da essere per noi inaccettabile, si rivolge al suo interlocutore semplicemente con la domanda centrale sul rapporto tra religione e violenza in genere, dicendo: 'Mostrami pure ciò che Maometto ha portato di nuovo, e vi troverai soltanto delle cose cattive e disumane, come la sua direttiva di diffondere per mezzo della spada la fede che egli predicava'. L'imperatore, dopo essersi pronunciato in modo così pesante, spiega poi minuziosamente le ragioni per cui la diffusione della fede mediante la violenza è cosa irragionevole. La violenza è in contrasto con la natura di Dio e la natura dell'anima. 'Dio non si compiace del sangue' – egli dice –, 'non agire secondo ragione (σὺν λόγῳ), è contrario alla natura di Dio. La fede è frutto dell'anima, non del corpo. Chi quindi vuole condurre qualcuno alla fede ha bisogno della capacità di parlare bene e di ragionare correttamente, non invece della violenza e della minaccia…'".

domande vive. Però l'attuale comunicazione politica è tale da non permettere la comprensione di simili, sottili correlazioni.

E tuttavia quell'episodio – dopo tutte le cose terribili accadute e per le quali non posso non addolorarmi molto – ha sortito effetti positivi. Durante la mia visita in Turchia ho potuto dimostrare che ho rispetto per l'Islam, che lo riconosco come una grande realtà religiosa, con la quale bisogna dialogare. E così da quella controversia è scaturito un dialogo veramente molto intenso.

È risultato chiaro che nel dibattito pubblico l'Islam deve chiarire due questioni: quelle del suo rapporto con la violenza e con la ragione. Ha rappresentato un inizio veramente positivo il fatto che, proprio in ambito islamico, si sia ritenuto doveroso e necessario chiarire quelle due questioni e, di conseguenza, sia stata avviata una riflessione interna fra studiosi dell'Islam, una riflessione che poi è divenuta dialogo.

Il giornale islamico "Zaman" ha parlato di "messaggio di pace" del Papa. Il dialogo fra le due religioni sarebbe finalmente cominciato, scrisse. Anche testate tedesche come "Die Zeit", dopo aver mosso aspre critiche, ora si inchinano di fronte al "saggio in Oriente", che "nel mondo islamico diviene la più importante autorità dell'Occidente".

In ogni caso, in tal modo abbiamo raggiunto un buon punto. Come certamente saprà, 138 studiosi musulmani hanno scritto una lettera che conteneva un esplicito invito al dialogo e una interpretazione dell'Islam che lo conduce direttamente al dialogo con il Cristianesimo. Su questo punto ebbi un'ottima conversazione anche con il Re dell'Arabia Saudita. Come anche altri Capi di Stati islamici e non diversamente dai regnanti degli Stati del Golfo (persico), egli intende opporsi insieme ai cristiani all'abuso dell'Islam da parte del terrorismo.

Sappiamo di essere impegnati oggi in una lotta comune. Abbiamo in comune, da un lato la difesa di grandi valori religiosi – la fede in Dio e l'obbedienza a Dio – e dall'altro la necessità di trovare la giusta collocazione nella modernità. A questo sono dedicati specifici incontri nell'ambito delle attività del Pontificio Consiglio per il Dialogo Interreligioso. Vengono affrontati i seguenti interrogativi: che cosa significa tolleranza? Qual è il rapporto fra tolleranza e verità? A questo si collega anche la domanda se della tolleranza faccia anche parte il diritto a cambiare religione. Questo è un aspetto che gli interlocutori islamici riconoscono con difficoltà. Chi è giunto alla verità, si dice, non può più tornare indietro.

In ogni caso, abbiamo instaurato un dialogo ampio e intenso, nel quale ci avviciniamo gli uni agli altri e impariamo a comprenderci meglio. E così forse possiamo anche meglio dare un contributo comune in questo difficile momento storico.

Non è passato tanto tempo da quando i Pontefici consideravano loro compito difendere l'Europa dall'islamizzazione. A questo riguardo il Vaticano ha cambiato totalmente politica?

No. Sono le situazioni storiche a cambiare. Pensiamo solo all'epoca in cui l'Impero ottomano scosse i confini dell'Europa, la assediò e giunse sino alle porte di Vienna; oppure alla battaglia di Lepanto del 1571. Qui l'alternativa per l'Europa era davvero quella tra il mantenere la propria identità o il divenire colonia. In quella situazione, in cui non si trattava solo dell'Islam, ma anche dell'espansione della potenza ottomana, l'Europa dovette far fronte comune per difendere la propria storia, la propria cultura, la propria fede.

Oggi viviamo in un mondo completamente diverso, nel quale gli schieramenti sono altri. Da una parte c'è il secolarismo radicale, dall'altra si mette al centro la questione di Dio, in modo multiforme. Naturalmente deve continuare a sussistere l'identità delle varie religioni. Non possiamo certo fonderci. Tuttavia bisogna anche fare il tentativo di comprendersi.

Da molto tempo, in grandi aree dell'Africa Nera sussiste un rapporto fra Islam e Cristianesimo positivo e improntato alla tolleranza. Quando ricevo i vescovi di quei Paesi, mi raccontano che c'è l'antica abitudine di festeggiare insieme le rispettive festività. Altrove, invece, il rapporto è ancora caratterizzato da intolleranza e aggressività. Da questo punto di vista anche oggi le situazioni storiche sono molto diverse. In ogni caso dobbiamo tentare, da un lato di vivere ciò che è grande della nostra fede e di presentarlo in modo vivo, dall'altro di comprendere l'eredità degli altri. Importante è trovare ciò che abbiamo in comune e, laddove è possibile, rendere un servizio comune in questo mondo.

Nello stesso tempo noi vediamo che nei Paesi dove l'Islam domina lo Stato e la società, i diritti umani vengono calpestati e i cristiani brutalmente oppressi. Per il vescovo anglicano Michael Nazir-Ali, l'Islam rappresenta per l'Occidente la più grande minaccia dai tempi del comunismo, perché si presenta come vasta ideologia di tipo politico e socio-economico. Il Presidente della Repubblica Islamica dell'Iran, Mahmud Ahmadinejad, ha dichiarato che è cominciato il conto alla rovescia per la distruzione di Israele e che "Israele presto verrà cancellato dalle cartine geografiche".

L'idea di un dialogo con l'Islam non è un po' ingenua o perfino pericolosa?

Esistono modi molto diversi di vivere l'Islam, a seconda della propria tradizione, della propria origine e dei rapporti di forza esistenti. Nell'Africa Nera, come ho già detto, perlomeno in ampie regioni, c'è una forte tradizione di convivenza, fatto di cui rallegrarsi molto. Lì è anche possibile cambiare religione e figli di un padre islamico possono divenire cristiani. C'è un avvicinamento nella comune comprensione di fondo di libertà e verità, fatto questo che non affievolisce l'intensità della propria fede.

Dove invece l'Islam è, diciamo, monoculturale, regna cioè incontrastato dal punto di vista della propria tradizione e della propria identità culturale e politica, giunge facilmente a vedersi contrapposto al mondo occidentale, a considerarsi, in un certo senso, il difensore della religione contro l'ateismo e il secolarismo. La coscienza della verità diviene allora talmente limitata da trasformarsi in intolleranza e quindi da rendere molto difficile anche la convivenza con i cristiani. A questo proposito è importante restare in contatto intenso con tutte le forze dell'Islam che vogliono dialogare, affinché possa avvenire una trasformazione delle coscienze anche lì dove l'islamismo associa pretesa di verità e violenza.

10

L'ANNUNCIO

La Sua primissima pubblicazione, quando era ancora studente, è stata la traduzione di una Quaestio disputata *di san Tommaso d'Aquino sulla carità. La Sua prima pubblicazione da Papa, esattamente sessant'anni dopo, è un'Enciclica sullo stesso tema* Deus caritas est – Dio è amore. *La prima Enciclica di un Papa è anche una sorta di chiave di volta per intendere il suo Pontificato.*

Mi aveva esortato a tradurre la *Quaestio disputata de caritate* di san Tommaso d'Aquino Alfred Läpple, perché Martin Grabmann, il grande medievista, aveva detto che bisognava tradurre le *Quaestiones* non ancora tradotte. Poi però non è stata pubblicata. Probabilmente non era nemmeno una buona traduzione, non avevo nemmeno vent'anni... Dunque, in fondo, sono giunto per caso ad affrontare un tema che però mi ha affascinato. Così, per tutta la vita mi hanno accompagnato, da un lato il tema di Cristo quale Dio vivente e presente, il Dio che per mezzo della sofferenza ama e salva, dall'altro anche il tema dell'amore, che è centrale nella teologia giovannea, nella consapevolezza che è la chiave del Cristianesimo, che debba essere letto a partire da lì. Questa chiave è anche all'origine della mia prima Enciclica.

La morale sessuale della Chiesa Cattolica suscita forti contrasti, dei quali ancora parleremo. Nella Deus caritas est, *il Papa spiega che fa parte della umanità della fede anche il "sì" dell'uomo alla propria "corporeità", che è creata da Dio. È un'arringa per un sesso migliore?*

Naturalmente la corporeità comprende molto di più della sessualità, ma quest'ultima ne è parte essenziale. È importante che l'uomo sia anima nel corpo, che come corpo sia veramente se stesso e che a partire da qui concepisca il corpo positivamente e la sessualità come un dono positivo. Attraverso di essa l'uomo partecipa all'opera creatrice di Dio. È un grande compito scoprire questa concezione positiva e custodire questo tesoro che ci è stato affidato.

È vero che nella cristianità hanno attecchito anche dei rigorismi e che la tendenza alla negativizzazione, creatasi nella gnosi, è penetrata anche nella Chiesa. Pensiamo anche solo al Giansenismo, con cui si giunse a deformare, ad impaurire l'uomo. Oggi bisogna riconoscere che dobbiamo ritrovare di nuovo la strada che porta ad un atteggiamento propriamente cristiano, come quello che esisteva nel Cristianesimo primitivo e nei grandi momenti del Cristianesimo: la gioia e il sì al corpo, il sì alla sessualità, considerati come un dono, di cui fanno parte sempre anche la disciplina e la responsabilità.

Perché sarà sempre valido che libertà e responsabilità vanno mano nella mano. Solo allora scaturisce anche la gioia vera e diviene possibile un sì autentico. Perciò è importante mostrare di nuovo nella sua positività, nel suo grande sì, l'immagine cristiana dell'uomo alla quale il Concilio Vaticano II ha contribuito.

Nella Deus caritas est *nonché nella* Spe salvi[5] *e nell'Enciclica sociale* Caritas in veritate,[6] *che sollecita la responsabilità sociale della politica e dell'economia, Lei parla sempre di una "esistenza cristiana".*

Anche chi è inesperto intuisce che si tratta di qualcosa che non ha nulla a che fare con l'esistenza ordinaria del cittadino comune nella società del benessere. Il Papa intende perciò il Cristianesimo piuttosto come forza che provoca, una forza radicale che interpella l'ordinarietà? E questo proprio perché dice cose che molti nemmeno osano pensare?

---

[5] "Salvati nella speranza", novembre 2007.
[6] "La carità nella verità", giugno 2009.

Non giudicherei quello che si pensava in passato. Ma bisogna rendere di nuovo attuale il fatto che essere uomini è qualcosa di grande, è una grande sfida. La banalità del lasciarsi semplicemente trasportare non gli fa giustizia. Così come non è degna dell'uomo l'idea secondo la quale la comodità sarebbe il miglior modo di vivere, il benessere l'unico contenuto della felicità. Deve diventare nuovamente percepibile che alla nostra umanità dobbiamo chiedere di più, che proprio in questo modo si apre la via ad una felicità più grande; che essere uomini è come una scalata di montagna, con ripide salite, ma è solo attraverso di esse che raggiungiamo le cime e possiamo sperimentare la bellezza dell'essere. Mi sta molto a cuore sottolineare questo.

Uno degli atti sui quali si è maggiormente dibattuto nell'attuale Pontificato è il Motu Proprio Summorum Pontificum *del luglio 2007. Deve rendere più facile la celebrazione della Messa secondo il* Missale Romanum *anteriore al Concilio, Messa che fino ad allora poteva essere celebrata soltanto con l'autorizzazione del vescovo locale. In una lettera di accompagnamento Lei ha sottolineato che la liturgia con il nuovo messale e nelle lingue nazionali è il rito ordinario, mentre la Messa tridentina è il rito straordinario. Al Papa, ha detto, non interessano tanto questioni minori e limitate. Fondamentale è il carattere cosmico della liturgia, nonché il grande legame fra la liturgia, cristiana e l'eredità vetero-testamentaria. Che cosa intende?*

È un tema molto vasto. Il punto è che la liturgia non dovrebbe essere celebrata come l'autorappresentazione della comunità – quando si dice che è importante che ognuno vi metta dentro se stesso – e poi alla fine resta importante solo l'"io stesso". Si tratta invece del fatto che noi entriamo in qualcosa di molto più grande; che in un certo qual modo usciamo da noi stessi per prendere il largo. Per questo è tanto importante che la liturgia non sia in qualche modo una nostra creazione.

La liturgia è in verità un processo attraverso il quale ci si lascia condurre nel grande credere e nel grande pregare della Chiesa. Per questo motivo i primi cristiani pregavano rivolti ad Oriente, verso il sole che sorge come simbolo di Cristo risorto. Mostravano così che tutto il mondo va verso Cristo e che Egli lo abbraccia.

Questo rapporto con il cielo e con la terra è molto importante. Non a caso le prime chiese erano costruite in modo che il sole irradiasse la sua luce nella casa di Dio in un determinato momento. Proprio oggi che riscopriamo il significato degli effetti reciproci tra terra e cosmo, bisognerebbe anche riscoprire il carattere cosmico della liturgia, tanto quanto quello storico. È importante il fatto che questa non sia stata semplicemente inventata da qualcuno e chissà quando, ma si sia invece sviluppata organicamente a partire da Abramo. Elementi del periodo antico sono presenti nella liturgia.

Per quel che riguarda la questione concreta, la liturgia rinnovata del Concilio Vaticano II è la forma valida in cui la Chiesa celebra la liturgia oggi. Ho voluto rendere più facilmente accessibile la forma antica soprattutto per preservare il profondo ed ininterrotto legame che sussiste nella storia della Chiesa. Non possiamo dire: prima era tutto sbagliato, ora invece è tutto giusto. In una comunità, infatti, nella quale la preghiera e l'Eucaristia sono le cose più importanti, non può considerarsi del tutto errata quella che prima era ritenuta la cosa più sacra. Si è trattato della riconciliazione con il proprio passato, della continuità interna della fede e della preghiera nella Chiesa.

D'altro canto, la decisione ha provocato una controversia relativa alla preghiera del Venerdì Santo per la conversione degli ebrei contenuta nella Messa antica. Jacob Neusner, Rabbino di New York nonché storico, ha difeso questa preghiera spiegando che essa "rientra nella logica del monoteismo". Anche gli ebrei praticanti pregherebbero tre volte al dì affinché un giorno tutti i non ebrei invochino il nome JHWH.

Infine, nel febbraio 2008, Lei ha riformulato il testo della preghiera. Può comprendere le argomentazioni dei suoi critici?

In primo luogo sono molto grato al signor Neusner per quello che ha detto, perché è veramente utile. In secondo luogo, questa preghiera non riguarda la liturgia ordinaria, ma soltanto la ristretta cerchia di coloro che utilizzano il messale antico. Quindi nulla si è modificato della liturgia generale. Comunque, a quel punto, anche nell'antica liturgia mi è sembrato necessario un cambiamento. Infatti, la formula era tale da ferire veramente gli ebrei e di certo non esprimeva in modo positivo la grande, profonda unità fra Antico e Nuovo Testamento.

Per questo motivo ho pensato che nella liturgia antica fosse necessaria una modifica, in particolare, come ho detto, in riferimento al nostro rapporto con gli amici ebrei. L'ho modificata in modo tale che vi fosse contenuta la nostra fede, ovvero che Cristo è salvezza per *tutti*, che non esistono due vie di salvezza e che dunque Cristo è *anche* il Salvatore degli ebrei, e non solo dei pagani. Ho inteso anche evitare che si pregasse direttamente per la conversione degli ebrei in senso missionario, ma perché il Signore affretti l'ora storica in cui noi tutti saremo uniti. Per questo gli argomenti utilizzati da una serie di teologi polemicamente contro di me sono avventati e non rendono giustizia a quanto fatto.

Il Motu Proprio Omnium in mentem *del 2009, passato quasi del tutto inosservato, muta alcune norme del Codice di Diritto canonico relativamente al diaconato e al matrimonio. In futuro, per la validità di un matrimonio non avrà importanza se una persona battezzata con rito cattolico sia uscita dalla Chiesa, ad esempio, per ragioni fiscali. La modifica mira al pari trattamento di tutti i cattolici. Ma in questo modo non si dice che una persona può dichiarare di abbandonare la Chiesa per motivi fiscali e tuttavia restarne membro?*[7]

È un problema che qui non posso risolvere. Si tratta veramente di una grande disputa fra la Germania e Roma: fino a che punto l'appartenenza ad un ente di Diritto pubblico che riscuote i tributi ecclesiastici è identica all'appartenenza al Corpo mistico di Cristo, che è la Chiesa? Naturalmente la Chiesa ha bisogno di una concreta struttura, necessita anche di fisicità. Ha bisogno di forme giuridiche. E ovviamente fa parte dell'essere cristiani anche il fare qualcosa per la propria comunità. Il sistema tedesco è del tutto particolare, e ora è in corso una disputa molto importante e, come credo, anche utile, fra gli organi della Santa Sede e la Conferenza Episcopale Tedesca. Quindi non voglio anticipare nulla.

Ha suscitato sorpresa la decisione di riconoscere le "virtù eroiche" di Pio XII, che è un presupposto per la sua beatificazione, un atto questo che non implica alcun giudizio politico o storico, ma soltanto la valutazione della sua opera pastorale.

---

[7] In Germania lo Stato riscuote una tassa da tutti i membri delle maggiori Chiese. Chi dichiara allo Stato di uscire dalla Chiesa, risparmia quella tassa, ma non viene più annoverato dalla Chiesa come suo membro. È in corso una discussione per accertare se, pur uscendo dalla Chiesa dal punto di vista giuridico, si rimanga membro di essa.

L'immagine pubblica di Eugenio Pacelli, che fu Papa con il nome di Pio XII dal 1939 al 1958, è stata contrassegnata in particolare dal dramma teatrale di Rolf Hochhuth, che lo ha ritratto come un potente stratega senza scrupoli, indifferente al destino degli ebrei. Gli studiosi ormai sanno che in realtà il personaggio raffigurato da Hochhuth non ha pressoché nulla a che fare con il vero Pio XII. Per lo storico Karl-Joseph Hummel, durante il suo Pontificato e grazie all'aiuto cattolico sarebbero stati salvati dai campi di sterminio nazisti fino a 150.000 ebrei. Secondo il filosofo ebreo Bernard-Henri Lévy, l'Enciclica del 1937 Mit Brennender Sorge *[Con viva preoccupazione], alla cui stesura Pacelli partecipò in qualità di cardinale Segretario di Stato, resta sino a oggi "uno dei manifesti antinazisti più fermi e più eloquenti". Una volta divenuto Papa si sarebbe adoperato affinché "si aprissero i conventi agli ebrei romani perseguitati". Nel 1958, Golda Meir, futuro Presidente israeliano, dichiarò: "Durante i dieci anni del terrore nazista, mentre il nostro popolo soffriva un martirio spaventoso, la voce del Papa si levò per condannare i carnefici".*

Ciononostante, da parte di comunità ebraiche si sono avanzate grandi riserve. Si sarebbe dovuto attendere prima l'apertura dell'intero Archivio segreto vaticano?

Già da due anni si preparava il decreto di riconoscimento delle virtù eroiche che, come Lei ha ricordato, non valuta la sua attività da un punto di vista storico o politico. In un primo momento non ho apposto la mia firma, ma ho ordinato una visione del materiale d'archivio non pubblicato, per essere veramente certo. È chiaro che non è stato possibile valutare le centinaia di migliaia di documenti in modo assolutamente scientifico. Ma ancora una volta ci si è fatti un'idea, e si è potuto constatare che quei documenti confermano tutto il positivo di cui siamo a conoscenza, mentre non confermano il negativo che si adduce contro Pio XII.

Lei ha anche menzionato il fatto che Pio XII ha salvato la vita a migliaia di ebrei, aprendo loro i conventi romani, anche quelli di clausura – cosa questa che può fare soltanto il Papa – e dichiarandoli zone extraterritoriali, fatto questo che non era pacifico da un punto di vista giuridico, anche se poi i tedeschi lo tollerarono. È evidente che nel momento stesso in cui il Papa avesse protestato pubblicamente, l'extraterritorialità non sarebbe più stata rispettata e migliaia di ebrei, sin a quel momento al sicuro nei conventi romani, sarebbero stati deportati.

Si trattava semplicemente di migliaia di vite umane che solo in quel modo poterono essere salvate. Solo di recente è venuto alla luce che Pacelli già nel 1938, quando era cardinale Segretario di Stato, aveva scritto ai vescovi in tutto il mondo affinché si impegnassero perché agli ebrei che fuggivano dalla Germania fossero accordati i visti con particolare generosità. Da parte sua, Pio XII ha fatto tutto il possibile per salvare delle persone. Naturalmente ci si può sempre chiedere: "Perché non ha protestato in maniera più esplicita?". Credo che abbia capito quali sarebbero state le conseguenze di una protesta pubblica. Sappiamo che per questa situazione personalmente ha sofferto molto. Sapeva che in sé avrebbe dovuto parlare, ma la situazione glielo impediva.

Recentemente, con una certa saccenteria, è stata mossa l'obiezione che Pio XII, anche se ha salvato molte vite, aveva tuttavia idee antiquate sugli ebrei e che non era all'altezza del Concilio Vaticano II. Il problema tuttavia non è questo. L'importante è ciò che ha fatto e ciò che ha cercato di fare, e credo che bisogna veramente riconoscere che è stato uno dei grandi giusti, che, come nessun altro, ha salvato tanti e tanti ebrei.

11

VIAGGI APOSTOLICI

Forse il Papa non è l'uomo più potente del mondo, ma grazie agli incontri in tutto il mondo raggiunge milioni e milioni di persone, più di qualsiasi popstar. *In passato Lei non era esattamente un tribuno del popolo. Esiste dunque la febbre della ribalta?*

Naturalmente a volte sono preoccupato e mi chiedo se riuscirò a reggere il tutto anche solo dal punto di vista fisico. Le Visite pastorali esigono sempre tanto da uno come me. Ma in fondo la febbre della ribalta non l'ho perché tutto è preparato molto bene. E poi so che in quei momenti non parlo per me stesso, ma sono lì semplicemente per il Signore; e non devo chiedermi se ho un buon aspetto, se faccio una buona impressione o cose del genere. Svolgo il compito che mi è stato affidato nella consapevolezza che accade per un Altro e che questo Altro garantisce per me. Per questo affronto i viaggi senza alcuna inquietudine.

Il suo predecessore era considerato una sorta di Mister Bombastic, *mi si passi il termine, che, anche solo per la prestanza fisica, per il timbro della voce e per la mimica otteneva un grande effetto ed una grande risonanza mediatica. Ora, Lei non ha la sua stessa statura e la sua stessa voce. Per Lei è stato un problema?*

Mi sono semplicemente detto che sono quel che sono. Non cerco di essere un altro. Quel che posso dare dò, e quel che non posso non cerco nemmeno di darlo. Non tento di fare di me qualcosa che non sono. Sono stato eletto – cosa di cui sono "colpevoli" anche i cardinali – e faccio quello che posso.

La Giornata Mondiale della Gioventù, nell'agosto 2005, a Colonia con 1,1 milioni di partecipanti, e poi anche quella a Sydney, hanno messo in luce Sue qualità che nessuno sino ad allora aveva immaginato. Il quotidiano di sinistra La Repubblica *scrisse che, sul Reno, addirittura agli occhi dei suoi diffidenti connazionali, si disfaceva l'armatura del custode della fede, a favore di un pastore che descrive la Chiesa come "luogo della tenerezza di Dio". Si è stupito di come è riuscito a dialogare con i giovani?*

In ogni caso mi ha fatto piacere che sia nato un rapporto così spontaneo. Queste Giornate Mondiali della Gioventù sono divenute un vero dono. Se penso a quanti giovani vi trovano un nuovo punto di partenza del quale poi si nutrono spiritualmente, a quante iniziative di fede scaturiscono da esse, quanta gioia rimane, e quale raccoglimento si crea proprio anche in quelle Giornate, devo dire: qui accade qualcosa che non è opera nostra.

In Australia ci si attendevano grandi problemi di sicurezza, difficoltà, scontri e tutto quello che normalmente accade nelle grandi manifestazioni di massa. C'erano notevole preoccupazione e grande scetticismo. Ma, alla fine, la polizia era entusiasta, tutti erano felici perché non si era verificato alcun incidente. Ci ha semplicemente sostenuti la comune gioia della fede e così è stato possibile che in migliaia si raccogliessero di fronte al Santissimo Sacramento e fossero una cosa sola. Questo raccoglimento e questa gioia, la serenità interiore e l'incontro autentico, l'assenza di criminalità: stava accadendo qualcosa di veramente stupefacente, qualcosa di completamente diverso da ciò che accade in altri eventi di massa paragonabili. E Sydney continua a sortire effetti, ad esempio le vocazioni sacerdotali. Credo che nelle Giornate Mondiali della Gioventù si sia trovato qualcosa che è di aiuto a tutti.

Con quasi venti visite all'estero – in Polonia, nella Repubblica Ceca, in Spagna, in Austria, in Australia, in America del Nord e del Sud, in Africa, in Portogallo, a Cipro, in

Israele, in Inghilterra – Lei ora è diventato anche un Papa viaggiatore. Facciamo qualche esempio. In Brasile ha visitato varie strutture sociali ed ha partecipato allo storico incontro con 176 cardinali e vescovi latinoamericani e dei Caraibi. Ha dichiarato che la fede in Dio, nell'incontro con le etnie originarie, ha animato questi Paesi durante più di cinque secoli e che oggi, però, è in gioco l'identità cattolica della loro popolazione.

Negli ultimi venticinque anni si è verificata una grande trasformazione nella geografia religiosa. In Paesi e in aree in cui in precedenza i cattolici erano il novanta per cento della popolazione totale o anche di più, il loro numero è sceso al sessanta per cento. È una doppia trasformazione: da una parte ci sono le sette evangelicali che alterano fortemente quella geografia e che tuttavia sono instabili e non creano alcuna appartenenza duratura; dall'altra c'è il secolarismo che attraverso i mezzi di comunicazione di massa esercita una grande influenza e trasforma le coscienze. In questo senso esiste veramente una crisi culturale che penetra in profondità. Tanto più importante è perciò che la fede cattolica si presenti in modo nuovo e vivo e si mostri come forza di unità, di solidarietà e di apertura dell'eterno a ciò che è nel tempo.

Nel suo viaggio negli USA, in primo piano c'era la situazione venutasi a creare a seguito degli abusi sessuali. Che impressione ha ricavato da quella visita?

Credo che abbia sorpreso anche i non cattolici il fatto che la visita non abbia avuto in sé nulla di provocatorio, ma anzi abbia risvegliato le forze positive della fede e toccato tutti i presenti. Ovunque il Papa si recasse, c'erano innumerevoli persone, e c'era una letizia cattolica incredibile. Nelle grandi celebrazioni liturgiche – a Washington accompagnate da musica più moderna, a New York da musica classica –, nelle università cattoliche, ovunque ho riscontrato una partecipazione festosa, un senso di vicinanza, dell'essere insieme, che mi ha commosso. Ho anche parlato con le vittime degli abusi e ho conosciuto molte strutture giovanili.

La Chiesa Cattolica negli USA ha già superato la crisi?

Sarebbe forse eccessivo affermarlo, ma essa è cosciente di ciò che la minaccia, delle sue difficoltà e delle sue colpe. Questo è molto importante. Inoltre sta vivendo un momento di grande slancio interiore per superare tutto ciò e per vivere e mettere in pratica nuovamente l'identità cattolica nel nostro tempo.

Lei sembra amare particolarmente la Spagna. L'ha visitata più volte e sarà di nuovo lì in occasione della Giornata Mondiale della Gioventù 2011.

La Spagna è naturalmente uno dei grandi Paesi cattolici che ha donato alla Chiesa grandi santi e forti impulsi, e che, per di più, ha plasmato l'America centrale ed il Sudamerica. Confrontarsi con la storia spagnola, ma anche proprio con quella presente, è sempre emozionante. È un Paese di contrasti drammatici. Pensiamo a quello fra la Repubblica spagnola degli anni Trenta e Franco, oppure anche all'attuale scontro drammatico fra secolarismo radicale e fede convinta.

È un Paese che continua ad essere inserito in un grande processo storico, e, per di più, un Paese con una molteplicità di culture che si incontrano, per esempio baschi e catalani. La Spagna è sempre stata uno dei grandi Paesi cattolici creativi. Lo visiterò di nuovo, a Dio piacendo, se sarò ancora in vita, in occasione della Giornata Mondiale della Gioventù a Madrid. Quest'anno sono previste due brevi visite, una a san Giacomo in Santiago di Compostela, e un'altra a Barcellona, alla famosa Cattedrale della *Sagrada Família* di Gaudì.

In nessun altro luogo il Papa raduna così tante persone intorno a sé come in Spagna. È sorprendente, se si pensa ai problemi della Chiesa Cattolica proprio in Spagna, anche a causa della mancata riflessione sulla dittatura franchista.

C'è anche una vitalità della fede che evidentemente è radicata già nel DNA degli spagnoli.

La Francia. Anche qui un Paese con un grande passato cattolico, con importantissime fondazioni religiose e con lo straordinario santuario di Lourdes, che Lei ha visitato. Ma anche un Paese con un laicismo molto forte.

Prima della mia visita si era detto che mi sarei recato in un Paese prevalentemente ateo e che avrei ricevuto un'accoglienza fredda. Invece è accaduto tutto il contrario. La Celebrazione liturgica a Parigi è stata straordinaria. Migliaia e migliaia di persone accorse alla *Esplanade des Invalides*, di fronte al Duomo, raccolte in un'intensità di preghiera e di fede che mi ha commosso. Indimenticabile resta naturalmente anche la recita dei Vespri nella Cattedrale di *Notre Dame*, dove quello spazio magnifico, per così dire, già di per sé prega con l'orante, e la musica è stata eccezionale. Si sono manifestati la luce e lo splendore della grande cultura cattolica francese. Ripenso volentieri all'incontro con gli accademici all'*Institut de France* ed al *Collège des Bernardins*, dove ho tenuto una lezione seguita con attenzione anche dal mondo intellettuale di Francia, che ha riconosciuto il Papa, in un certo qual modo, come suo membro.

Lourdes è naturalmente un luogo molto particolare, dove tutto è colmo di fede, di preghiere; dove la Madre di Dio, quasi percepibile, è sempre presente, tocca e commuove le persone. Particolarmente toccante è stata l'amministrazione dell'Unzione degli infermi a persone in parte già destinate a morire, in un'atmosfera di umiltà e di preghiera silenziosa. Per me è stato molto importante vedere che nella cosiddetta Francia laica, ora come allora, esiste un'enorme forza della fede.

Manca ancora una visita ufficiale del Papa tedesco proprio in Germania, una situazione piuttosto insolita. Dipende da una mancanza di sintonia con il Governo tedesco? Oppure dipende da un risentimento dovuto all'astiosità e a quella sorta di sindrome anti-romana di così corte vedute, che nel dibattito pubblico tante volte determina l'atteggiamento verso il Papa?

Non ho ancora compiuto alcuna visita ufficiale in Germania, ma vi sono stato due volte. Una a Colonia, dove ho anche incontrato il Governo, e una in Baviera, che è comunque parte della Germania. Ma in effetti è vero che la capitale non si può trascurare. Se il Signore mi donerà la forza necessaria, volentieri ancora una volta visiterò la Germania.

Milioni di persone si rallegreranno, ma, nello stesso tempo, diranno: è tardi, visto che proprio nella patria del Papa il gregge è oppresso ed avrebbe urgentemente bisogno della vicinanza del Pastore.

Sì, il gregge è oppresso e, se potrò, andrò volentieri. Nel frattempo, sono in un vivo contatto con i pastori e con molte altre persone in Germania. In questo modo è data una costante presenza interiore e dunque una vicinanza del tutto particolare.

La Sua visita in Africa, nel marzo 2009, ha di nuovo richiamato l'attenzione dei media *sulla politica del Vaticano nei confronti dell'AIDS. Il 25% dei malati di AIDS in tutto il mondo oggi viene seguito da strutture cattoliche. In alcuni Paesi, come per esempio nel Lesotho, i malati di AIDS rappresentano più del 40% della popolazione. In Africa, Lei ha dichiarato che la dottrina tradizionale della Chiesa si è rivelata l'unico modo sicuro per arrestare la diffusione dell'HIV. I critici, anche all'interno della Chiesa, sostengono al contrario che è una follia vietare ad una popolazione minacciata dall'AIDS l'utilizzo di profilattici.*

Dal punto di vista giornalistico il viaggio in Africa è stato del tutto oscurato da un'unica mia frase. Mi è stato chiesto perché la Chiesa Cattolica, relativamente all'AIDS, assumesse una posizione irrealistica ed inefficace. Così mi sono sentito veramente sfidato, perché la Chiesa fa più di tutti gli altri. E continuo a sostenerlo; perché la Chiesa è l'unica istituzione veramente vicina alle persone, molto concretamente: nel prevenire, nell'educare, nell'aiutare, nel consigliare e nello stare a fianco; e perché come nessun altro si cura di tanti malati di AIDS e, in particolare, di tantissimi bambini colpiti da questa malattia.

Ho potuto visitare una di queste strutture per i malati di AIDS e ho potuto parlare con loro. La risposta è stata sostanzialmente questa: la Chiesa fa più degli altri perché non parla solo dal pulpito dei giornali, ma aiuta i fratelli e le sorelle sul posto. In tale contesto non avevo preso posizione sul problema dei profilattici in generale, ma ho soltanto detto quello che poi ha suscitato tanto risentimento: che non si può risolvere il problema con la distribuzione di profilattici. Bisogna fare molto di più. Dobbiamo stare vicino alle persone, guidarle, aiutarle, e questo anche prima che si ammalino.

È un dato di fatto che i profilattici sono a disposizione ovunque, chi li vuole li trova subito. Ma solo questo non risolve la questione. Bisogna fare di più. Nel frattempo, proprio anche in ambito secolare si è sviluppata la cosiddetta teoria ABC, sigla che sta per "Abstinence – Be Faithful – Condom" ["Astinenza – Fedeltà – Profilattico"]; laddove il profilattico è considerato soltanto come scappatoia, quando mancano gli altri due elementi. Questo significa che concentrarsi solo sul profilattico vuol dire banalizzare la sessualità, e questa banalizzazione rappresenta proprio la pericolosa origine per cui tante e tante persone nella sessualità non vedono più l'espressione del loro amore, ma soltanto una sorta di droga, che si somministrano da sé. Perciò anche la lotta contro la banalizzazione della sessualità è parte del grande sforzo affinché la sessualità venga valutata positivamente e possa esercitare il suo effetto positivo sull'essere umano nella sua totalità.

Vi possono essere singoli casi motivati, ad esempio quando uno che si prostituisce utilizza un profilattico, e questo può essere un primo passo verso una moralizzazione, un primo elemento di responsabilità per sviluppare di nuovo una consapevolezza del fatto che non tutto è permesso e che non si può far tutto ciò che si vuole. Tuttavia, questo non è il modo vero e proprio per affrontare il male dell'HIV. Esso, in realtà, deve consistere nell'umanizzazione della sessualità.

Questo significa, dunque, che la Chiesa Cattolica non è fondamentalmente contraria all'uso dei profilattici?

La Chiesa, naturalmente, non considera i profilattici come la soluzione autentica e morale. In un caso o nell'altro, nell'intenzione di diminuire il pericolo di contagio, può rappresentare tuttavia un primo passo sulla strada che porta ad una sessualità diversamente vissuta, più umana.

12

IL CASO WILLIAMSON

Per quattro anni il Papa, mi si passi il termine, aveva fatto un buon lavoro. I suoi detrattori erano letteralmente ammutoliti. Ma nel gennaio del 2009 avviene una svolta, ritornano a farsi sentire le vecchie voci caustiche. Per parte della stampa, Papa Benedetto sarebbe un gelido tecnocrate. A scatenare tutto, l'abbiamo già accennato, è la revoca della scomunica a quattro vescovi della "Fraternità Sacerdotale San Pio X", che si era separata da Roma sotto la guida dell'arcivescovo francese Marcel Lefebvre. La "Fraternità San Pio X" conta oggi, secondo propri dati, circa 600.000 fedeli, quasi 500 sacerdoti, più di 200 seminaristi, 86 scuole e due istituti universitari.

Per iniziare: non avrebbe dovuto mettere nel conto che per quella decisione avrebbe ricevuto tutt'altro che approvazione da parte dell'opinione pubblica? In questo senso, l'utilità che si prospettava era minima, il possibile danno invece, enorme.

Questo è vero. Ho già spiegato che quel passo è paragonabile a quello che stiamo facendo in Cina. Quando i vescovi sono scomunicati perché hanno mancato nei confronti del Primato, ma poi lo riconoscono, la scomunica giustamente è revocata. Quindi, come ho già detto, la loro scomunica non aveva nulla a che fare con il Concilio Vaticano II, ma erano scomunicati per aver mancato contro il Primato. Ora, in una lettera essi lo hanno riconosciuto e, in questo senso, le conseguenze giuridiche erano del tutto chiare.

Inoltre, già sotto il Pontificato di Giovanni Paolo II, in un incontro dei capi dicastero – quindi di tutti coloro che presiedono un organismo pontificio – era stato deciso di revocare la scomunica nel caso fosse giunta una lettera del genere. Da parte nostra, purtroppo, non abbiamo svolto un buon lavoro di informazione dell'opinione pubblica. Non è stato spiegato a sufficienza il reale contenuto giuridico di questa procedura, ed anche i limiti ad essa connessi. A tutto questo si è aggiunto, poi, l'inimmaginabile incidente del caso Williamson, che purtroppo non avevamo previsto e che rappresenta un episodio particolarmente doloroso.

Se avesse saputo che fra quei vescovi ve ne era uno che negava l'esistenza delle camere a gas naziste, avrebbe firmato la revoca della scomunica?

No. Si sarebbe innanzitutto dovuto separare il caso Williamson dagli altri, ma purtroppo nessuno di noi ha guardato su *internet* e preso coscienza di chi si trattava.

Ma prima di revocare una scomunica non si dovrebbero passare alla lente di ingrandimento le persone e la loro condotta di vita, a maggior ragione se si tratta di una comunità che, a causa del suo isolamento, ha avuto uno sviluppo discutibile, sia dal punto di vista teologico, sia da quello politico?

È giusto affermare che Williamson è una figura particolare in quanto non è mai stato cattolico nel senso proprio del termine. Era anglicano e dagli anglicani è passato direttamente a Lefebvre. Significa che non ha mai vissuto in comunione con tutta la Chiesa universale, in comunione con il Papa. Le autorità competenti spiegarono che i quattro vescovi desideravano riconoscere il Primato senza riserve. Certo, con il senno di poi si è sempre più intelligenti.

Oggi si fa strada il sospetto che si sia trattato di un complotto per danneggiare il Papa quanto più possibile. Anche la sequenza dei fatti sembra suffragare una simile ipotesi.[8]

---

[8] Il decreto di revoca della scomunica reca la data del 21 gennaio 2009. Era già stato notificato il 20 gennaio. Proprio il 21 gennaio, quindi nello stesso momento in cui il decreto è nelle mani dei vescovi della Fraternità e quindi non si può più ritirare, la televisione svedese manda in onda per la prima volta la fatale intervista, nella quale Wil-

In ogni caso il danno è enorme. Per settimane, sui giornali si susseguono titoli negativi. Che si potesse arrivare fino a tal punto è dipeso però anche dal fatto che si sono sottaciuti i termini reali della questione. La Sala Stampa della Santa Sede può anche non aver svolto un lavoro impeccabile, ma ancora peggio hanno agito i giornalisti dei grandi mezzi di comunicazione. Una o due domande in più sarebbero state sufficienti per chiarire tutto, ma non le si è fatte, perché non si voleva rinunciare ai titoli scandalistici. Nel decreto in questione è scritto con chiarezza che il Papa aveva soltanto deciso il "ripensamento" della situazione dei vescovi dal punto di vista del diritto canonico. Era chiaro che i quattro vescovi restavano canonicamente sospesi. Quel passo non significava riconciliazione, e tanto meno riabilitazione. E tuttavia, il "Süddeutsche Zeitung" titolava in modo sprezzante: "Il Papa riabilita un negazionista". Sarebbe un "segnale vergognoso", di più "un peccato". Come è stato possibile che quel Suo gesto sia stato interpretato come rifiuto della riconciliazione fra cristiani ed ebrei?

---

liamson nega che le camere a gas naziste siano mai esistite. L'intervista era però stata registrata nel novembre del 2008. Williamson aveva dichiarato in precedenza che la Fraternità era grata per la "protezione" che garantiva la scomunica. Essa metteva al sicuro dal pericolo del contagio da parte dei neo-modernisti in Vaticano. Poiché l'intervista fino ad allora non era stata mai mandata in onda, nessuno in Vaticano poteva conoscerne i contenuti. Solo la messa in onda proprio il 21 gennaio fece scoppiare la bomba. Affinché esplodesse ben bene, evidentemente alcuni giornalisti erano stati preparati all'esplosione.

Come ho scritto nella mia lettera successiva a quegli avvenimenti, è evidente che esiste un'animosità pronta a esplodere, che attende solo che queste cose accadano per poi colpire con precisione. Da parte nostra è stato un errore non studiare e non esaminare a sufficienza la questione. Dall'altra parte, diciamo, si era pronti ad aggredire, e si era soltanto in attesa della propria vittima.

Subito dal Vaticano si levarono voci autorevoli per chiarire che chi nega l'Olocausto non ha nulla a che fare con la Chiesa Cattolica. Proprio due mesi prima, il 9 novembre, a Roma, Lei aveva commemorato il settantesimo anniversario della "Notte dei cristalli". In quell'occasione esortò alla "profonda solidarietà con il mondo ebraico" e invitò a pregare per le vittime. È dovere di ciascuno, disse, opporsi a tutti i livelli a qualsiasi forma di antisemitismo e di discriminazione.

Nell'udienza generale del 28 gennaio 2009, la prima occasione utile per esprimersi personalmente e pubblicamente sul caso Williamson, il Papa rinnovava "con affetto l'espressione della mia piena e indiscutibile solidarietà con i nostri Fratelli destinatari della Prima Alleanza". La Shoah, continuava, "sia per tutti monito contro l'oblio, contro la negazione o il riduzionismo".

Il Segretario generale del Consiglio Centrale degli ebrei in Germania tuttavia giunse ad affermare che il Papa voleva "riammettere in società" un negazionista. Un giornalista ebreo parlò di riabilitazione di "attivisti antisemiti".

E definì il Papa un "ipocrita". La Presidente del Comitato Centrale degli ebrei in Germania dichiarò finito all'istante il dialogo con la Chiesa Cattolica.

Questo caso non mostra anche quanto sia sottile la lastra di ghiaccio sulla quale si muove il rapporto con gli ebrei?

In ogni caso bisogna riconoscere che ci sono sempre grandi timori e tensioni, che facilmente si può arrecare danno al dialogo e che facilmente esso può essere minacciato. Nell'ebraismo a livello mondiale, però, vi sono stati molti che si sono immediatamente affrettati a testimoniare che mai avrei "riammesso in società" un negazionista. Sono persone che mi conoscono. Per questo un'interruzione del dialogo non andava presa in seria considerazione.

Questo pericolo si è corso soprattutto in Germania, dove tra gli ebrei tedeschi vi è una sensibilità particolarmente forte ed anche una sorta di vulnerabilità nei confronti del Papa. È chiaro che anche l'immagine generale che i tedeschi hanno del Papa è stata in qualche misura estesa al mondo ebraico, cosicché in quelle dichiarazioni si rispecchia non solo la situazione degli ebrei, ma anche quella tedesca. Come detto, è stato un momento critico, che evidenzia quanto dobbiamo essere vigili, quanto la situazione possa essere messa in pericolo. Nello stesso tempo, però, nell'ebraismo mondiale la fiducia è sempre rimasta salda.

Angela Merkel, Cancelliere protestante del Paese responsabile dell'Olocausto, chiese al Vaticano di assumere una posizione più chiara contro l'antisemitismo. Le dichiarazioni fatte sino ad allora non sarebbero state sufficienti.

Non voglio ritornare sull'argomento. A quanto pare, la Merkel era informata in modo insufficiente su quanto la Chiesa Cattolica aveva detto e fatto nel frattempo.

Con particolare tristezza, più tardi Lei constatò che "perfino i cattolici che dovrebbero saperne di più hanno ritenuto doveroso colpirmi".

È un fatto, fa parte della realtà del Cattolicesimo del nostro tempo che nella Germania cattolica esista un numero considerevole di persone, che, per così dire, aspetta solo di poter colpire il Papa. Quello per cui dobbiamo seriamente adoperarci è lottare perché rinasca un consenso di fondo.

Il Suo viaggio in Terra Santa era previsto per il mese di maggio del 2009, quindi in mezzo alla bufera provocata dal caso Williamsom. Si guardava a quel viaggio con grande attesa. Eppure, proprio come a suo tempo era accaduto con il viaggio in Turchia – che si era svolto mentre infuriavano le polemiche sul "Discorso di Ratisbona" – la visita in Terra Santa ebbe un esito sorprendente. L'ambasciatore israeliano presso la Santa Sede, Mordechay Lewy, affermò che grazie a quel viaggio i rapporti erano molto migliorati. E citò un versetto dal Libro dei Giudici: "Dal forte è uscito il dolce".

Avevo già detto che la tensione con Israele non era uguale a quella registrata in Germania, con Israele c'è sempre stato un rapporto di fiducia reciproca. Israele sa che il Vaticano lo appoggia, appoggia l'ebraismo nel mondo, sa che noi riconosciamo gli ebrei come nostri padri e fratelli. Per me è stato molto commovente l'essere ricevuto con tanta cortesia dal Presidente Peres, che è una grande personalità. Egli stesso porta un ricordo doloroso: suo padre fu imprigionato in una sinagoga, che poi fu data alle fiamme. Mi ha incontrato con grande disponibilità, sapendo che lottiamo per valori comuni, per la pace e per la costruzione del futuro e che in tutto questo la questione dell'esistenza di Israele ha un ruolo importante.

In generale, l'ospitalità è stata squisita. Direi che forse ero troppo protetto. La protezione accordatami è stata imponente. Ma in Israele abbiamo potuto celebrare due grandi Liturgie eucaristiche all'aperto, cosa che a Giovanni Paolo II non era stata possibile. La prima, molto bella, si è svolta a Gerusalemme, la seconda, molto commovente, a Nazaret, sul Monte del Precipizio. È stata una manifestazione grande e visibile di fede cristiana nello Stato di Israele.

E poi naturalmente tocca sempre il cuore visitare i luoghi dell'Annunciazione, quello della Natività, quello della Crocifissione, il Sepolcro. Lì ho potuto incontrare anche le altre comunità cristiane. Sono state tutte esperienze grandi e commoventi. Infine, ho visitato anche la Giordania e i Territori Palestinesi, e ho instaurato un rapporto molto cordiale con il Re di Giordania e con tutta la Casa reale. Mi ha donato più di cento bottiglie di acqua del fiume Giordano da utilizzare per l'amministrazione dei battesimi.

Nei Territori Autonomi Palestinesi ho avuto un incontro che mi ha impressionato: ho incontrato dei bambini, i cui genitori sono prigionieri in Israele. In questo modo, abbiamo visto anche l'altro lato del dolore, ed è emerso così, in generale, un ampio panorama di dolore, da entrambe le parti.

Risultò dunque ancora più chiaro che con la violenza non si risolve nulla, che l'unica soluzione è la pace e che deve essere fatto tutto il possibile affinché entrambe le parti possano vivere insieme pacificamente in quella terra martoriata.

* * *

Volgiamo lo sguardo al primo lustro di Pontificato: qual è il bilancio di questo periodo del Suo ministero? Cosa ritiene di aver raggiunto? Cosa Le sembra particolarmente riuscito?

I grandi viaggi hanno rappresentato incontri importanti con diverse culture ed hanno un effetto duraturo.

Non si è trattato di una qualche sorta di *show*. Se penso al Brasile, che nuovo inizio è stato l'incontro con i vescovi! Abbiamo avviato la Missione Continentale, che ora veramente definisce i programmi pastorali delle singole diocesi. Oppure si pensi all'incontro nella *Fazenda da Esperança*, un centro di recupero per tossicodipendenti. In seguito, il buon Padre Hans Stapel è stato subissato di richieste provenienti da tutto il mondo per l'edificazione di case su quel modello e che ora vengono effettivamete create in molti altri luoghi. Ovunque si percepiva la consapevolezza del fatto che la Chiesa Cattolica vive ed è vigorosa.

Lo stesso è accaduto negli Stati Uniti, in Francia, in Portogallo. Sono andati bene i viaggi nella Repubblica Ceca, in Austria, in Polonia: una grande esperienza di vitalità. E poi naturalmente anche la visita in Australia e in Africa, dove ho fatto esperienza di un dinamismo di gioia veramente contagioso. Ovunque, per la Chiesa, è avvenuto un incontrare-se-stessa e dunque un incontro con il Signore, così che la Chiesa ha preso consapevolezza di sé davanti al Signore e si è resa conto che proviene dal Signore. Ovunque ci si è ricordati di questo in modo sempre nuovo. In tale senso i Viaggi apostolici hanno rappresentato, in qualche maniera, il filo rosso del Pontificato e sono stati molto fecondi.

Poi ci sono stati accenti posti con i due grandi Anni,

l'Anno Paolino e l'Anno Sacerdotale, attraverso i quali la luce essenziale della fede ha brillato di nuovo ed è divenuta meditazione comune. I due Sinodi dei Vescovi sono stati luoghi di incontro con testimonianze commoventi ed hanno avuto un grande peso, soprattutto quello sulla Parola di Dio. D'altra parte ci sono stati anche i grandi periodi segnati da scandali e ferite inferte alla Chiesa. Ma, come abbiamo già detto, hanno rappresentato per noi una forza purificatrice e, da questo punto di vista, alla fine, possono essere visti come elementi positivi.

Una volta Lei ha detto di dovere, per certi versi, anche "sopportare" il Suo ministero. È deluso per cose che non sono state possibili?

Di certo sono anche deluso; perché, soprattutto nel mondo occidentale, c'è questa riluttanza per la Chiesa; perché la secolarità si rende sempre più autonoma, sviluppa modalità che allontanano sempre più gli uomini dalla fede. Sono deluso perché la tendenza generale del nostro tempo è di opposizione alla Chiesa. Credo però che questa sia anche la situazione cristiana, la lotta fra due tipi di amore. È stato sempre così. Una volta è più forte una parte, una volta l'altra parte.

Paolo VI ha venduto la tiara e ha donato il ricavato. Il Papa che prima di Lei ha portato il Suo nome, Benedetto XV, dopo la Prima Guerra Mondiale, ha dato fondo alle casse per dare i soldi ai poveri. Anche oggi il mondo attende un gesto simbolico del Vaticano, segni che esprimano in modo visibile e accessibile a tutti la serietà di una purificazione e del rifarsi alle origini della Chiesa apostolica. Quando Benedetto XVI farà sul serio circa il dictum *per il quale la Chiesa deve distaccarsi dai suoi beni per garantire il proprio bene?*

È un'espressione che Pio X usò durante la crisi in Francia, quando si trovò di fronte alla scelta di accettare il sistema statale – cosa che avrebbe avvantaggiato la Chiesa ma l'avrebbe posta sotto il controllo dello Stato – oppure di rifiutarlo e vivere in povertà. Il bene viene prima dei beni. Questo è un criterio sempre valido e che deve essere preso in considerazione in ogni nostra decisione, soprattutto in quelle politiche. Tuttavia non ci si può privare a cuor leggero di beni fin quando sono utili per servire. Bisogna chiedersi invece fin quando una determinata cosa veramente serva all'insieme. Non dovrebbe mai accadere che le siamo assoggettati, così che i beni dominino il bene, ma sempre il contrario.

Dall'odierna prospettiva sembra che, dopo questi primi cinque anni e dopo gli abusi di cui abbiamo parlato, il Pontificato di Benedetto XVI diventerà sempre più risoluto e incisivo. Lei ha parlato infatti di una "nuova epoca di evangelizzazione".

Vedremo quel che riusciremo a fare e a realizzare. Ma affrontare con rinnovate forze la sfida dell'annuncio del Vangelo al mondo, impiegare tutte le nostre forze perché vi giunga, fa parte dei compiti programmatici che mi sono stati assegnati.

Parte III

VERSO DOVE ANDIAMO?

13

CHIESA, FEDE E SOCIETÀ

I problemi della società non sono diminuiti, ripropongono invece con un'urgenza nuova le questioni relative al nostro stile di vita: quali sono i nostri valori e quali i nostri metri di giudizio? Di che cosa ci occupiamo in realtà? Come vogliamo vivere in futuro?

In questo nostro tempo vediamo come la terra rischi di scivolare nel vuoto; come un sistema economico scatenato si trasformi in un capitalismo che, come un animale predatore, divora capitali enormi; vediamo che vivere ad alta velocità non solo ci affatica allo stremo, ma anche ci disorienta; che accanto alla vita frenetica è nata una società confusa, che oggi ritiene errato quello che fino a ieri reputava giusto, e domani giudicherà giusto quello che oggi considera sbagliato.

Ci sono delle malattie, come la sindrome di Burnout, che sono divenute fenomeni di massa, e nuove dipendenze, come quella dalla pornografia o dal gioco. La mania dell'ottimizzazione, propria dei grandi gruppi, ha partorito uno stress *da lavoro oggi a stento superabile; c'è l'insicurezza dei bambini che soffrono della perdita dei legami familiari; c'è il dominio dei* media *che hanno sviluppato una cultura tutta volta a sfatare tabù, una cultura dell'istupidimento e dell'intorpidimento morale; c'è l'offerta di mezzi tecnici di intrattenimento che potrebbero manipolare e persino distruggere le caratteristiche dell'uomo.*

Santo Padre, il contributo della Chiesa per la crescita della civiltà è sempre stato di grande rilievo. Oggi, invece, in molti Paesi si va sempre più diffondendo un atteggiamento di disprezzo e, sempre più, anche di vera e propria ostilità nei confronti della religione cristiana. Cos'è successo?

Innanzitutto bisogna dire che lo sviluppo del progressismo moderno e della scienza ha creato una mentalità per la quale si crede di poter rendere superflua "l'ipotesi Dio", per dirla con Laplace. Oggi l'uomo crede di potere tutto quello che prima aveva atteso unicamente da Dio. Per quel modello di pensiero, che si ritiene scientifico, le cose della fede sono arcaiche, mitiche, appartenenti ad una civiltà ormai superata. Così la religione, ed in ogni caso quella cristiana, viene relegata tra le cose del passato. Già nel diciottesimo secolo l'Illuminismo proclamava che un giorno sarebbe scomparso anche il Papa, il Dalai Lama d'Europa. L'Illuminismo avrebbe definitivamente eliminato simili arretratezze mitiche.

È un problema legato all'autorità, in una società liberista che non ammette le si dica più niente, oppure il problema è di comunicazione, di una Chiesa che, con valori apparentemente tramandati e con concetti come peccato, pentimento e conversione, non riesce più a comunicare se stessa?

Direi che si tratta di entrambe le cose. Quel modo di pensare di cui parlavamo, che ha registrato molte conquiste e che ha in sé molto di giusto, ha modificato l'atteggiamento di fondo dell'uomo nei confronti della verità. L'uomo non cerca più il mistero, il divino, ma si crede certo che un giorno la scienza ci spiegherà tutto quello che ancora non capiamo. È solo una questione di tempo, si pensa, poi avremo il potere su ogni cosa.

In tal modo la scientificità è divenuta la categoria più alta in assoluto. Di recente, guardando il telegiornale mi è venuto da ridere: si annunciava che si sarebbe riusciti a provare scientificamente l'utilità della tenerezza della mamma nei confronti dei suoi bambini. Certo, indagini di questo tipo si possono considerare follie ovvero un concetto di scienza errato, infantile e populistico; e tuttavia si tratta di idee che fanno intravedere un modello, cioè un modo di pensare per il quale la fede nel mistero, nell'opera di Dio, tutta la dimensione religiosa, in quanto "non scientifica", è giudicata non valida, priva di ragion d'essere. Questo è un aspetto.

E l'altro?

L'altro consiste nel fatto che proprio la scienza dal canto suo riconosce i propri limiti, molti scienziati oggi affermano che l'insieme delle cose da qualche parte deve pur essere giunto, e che dunque dobbiamo porre di nuovo questa domanda. Con ciò si sviluppa una nuova comprensione del religioso; non come fenomeno mitologico, di natura arcaica, bensì come scaturente dall'intimo rapporto con il *Logos*: cioè così come il Vangelo in realtà ha voluto ed annunciato la fede.

Ma, come detto, in questo grande contesto la religiosità deve rigenerarsi e trovare così nuove forme espressive e di comprensione. L'uomo di oggi non capisce più immediatamente che il Sangue di Cristo sulla Croce è stato versato in espiazione dei nostri peccati. Sono formule grandi e vere, e che tuttavia non trovano più posto nella nostra *forma mentis* e nella nostra immagine del mondo; che devono essere per così dire tradotte e comprese in modo nuovo. Dobbiamo nuovamente capire, ad esempio, che il concetto di male ha davvero bisogno di essere riconcepito. Non lo si può mettere semplicemente da canto o dimenticarlo. Deve essere riconcepito e trasformato dal suo interno.

Che significa?

Significa che veramente viviamo in un'epoca nella quale è necessaria una nuova evangelizzazione; un'epoca nella quale l'unico Vangelo deve essere annunciato nella sua razionalità grande e perenne, ed insieme in quella sua potenza che supera quella razionalità, in modo tale da giungere in modo nuovo al nostro pensare ed alla nostra comprensione.

L'uomo rimane certamente sempre lo stesso, nonostante tutti i cambiamenti. Non ci sarebbero così tanti credenti se nell'intimo del loro cuore essi non comprendessero questo: "Sì, quello che la religione annuncia è ciò di cui abbiamo bisogno. La sola scienza, isolandosi e autonomizzandosi, non riempie tutta la nostra vita; ne soddisfa unicamente un ambito, che certo ci offre grandi cose, e tuttavia la scienza a sua volta dipende dal fatto che l'essere umano rimanga tale".

Abbiamo visto che il progresso ha aumentato le nostre capacità, ma non la nostra grandezza e potenza morale e umana. Per mezzo dei grandi travagli del nostro tempo riconosciamo sempre più la necessità di ritrovare un equilibrio interiore, comprendiamo che abbiamo bisogno anche di una crescita spirituale. Anche nei tanti incontri con i Capi delle nazioni ho percepito una forte coscienza del fatto che senza l'autorità religiosa il mondo non può funzionare.

Prima di passare alle questioni relative alla Chiesa Cattolica e al futuro della Chiesa, vorrei chiederLe che cosa sia in realtà per Lei la Chiesa, cosa sia questo "organismo spirituale", come ebbe una volta a definirla. In un'omelia Lei ha citato Paolo VI che diceva di amare così tanto la Chiesa che l'avrebbe voluta sempre "abbracciare, salutare, amare". Vorrei, continuava il Papa, "finalmente comprenderla tutta, nella sua storia, nel suo disegno divino, nel suo destino finale, nella sua complessa, totale e unitaria composizione...". Paolo VI concluse il suo pensiero con le parole: "Corpo Mistico di Cristo".

Riprendeva quello che aveva sviluppato San Paolo, che aveva definito la Chiesa come perenne corporeità di Cristo, come organismo vivente di Cristo.

Paolo dunque non intendeva la Chiesa come istituzione, come organizzazione, ma come organismo vivente, nel quale tutti operano l'uno per l'altro e l'uno con l'altro, essendo uniti a partire da Cristo. È un'immagine, ma un'immagine che conduce in profondità e che è molto realistica anche solo per il fatto che noi crediamo che nell'Eucaristia veramente riceviamo Cristo, il Risorto. E se ognuno riceve il medesimo Cristo, allora veramente noi tutti siamo riuniti in questo nuovo corpo risorto come il grande spazio di una nuova umanità. È importante capire questo, e dunque intendere la Chiesa non come un apparato che deve fare tante cose – pure l'apparato le appartiene, ma entro dei limiti – bensì come organismo vivente che proviene da Cristo stesso.

In molti Paesi, organizzazioni laicali si battono per maggiore indipendenza da Roma e per la creazione di una Chiesa locale orientata in modo nazional-democratico. In ciò, il Vaticano è dipinto come una dittatura, ed il Papa come uno che, con piglio autoritario, impone le sue posizioni. Ad uno sguardo più attento si nota in realtà la crescita delle forze centrifughe piuttosto che di quelle centralizzanti, si nota la crescita della rivolta piuttosto che della solidarietà con Roma. Questa guerra tra indirizzi diversi, che dura ormai da decenni, non ha in realtà già da tempo causato una sorta di scisma all'interno della Chiesa Cattolica?

Innanzitutto direi che il Papa non ha il potere di imporre nulla. Il suo "potere" consiste unicamente nel fatto che ci sia persuasione e condivisione, nel fatto che le persone comprendano questo: "Formiamo una stessa cosa, e il Papa ha un compito che non si è dato da sé". Solo se c'è persuasione e condivisione, l'insieme può farcela. Solo nella condivisione della fede comune la Chiesa può anche vivere comunitariamente.

Ricevo tante lettere da gente semplice e da personalità illustri e mi scrivono: "Con il Papa siamo una cosa sola, per noi egli è il Vicario di Cristo e il Successore di Pietro; ne sia certo: crediamo e viviamo in comunione con Lei". Vi sono poi naturalmente, e non da oggi, le forze centrifughe, la tendenza alla fondazione di Chiese nazionali che poi effettivamente sono state create. E tuttavia proprio oggi, nella società globalizzata, nella necessità di un'interiore unità della comunità mondiale, diviene evidente che in fin dei conti si tratta di anacronismi. Diviene chiaro che una Chiesa non cresce chiudendosi nel proprio guscio nazionale, separandosi, rinchiudendosi in una data cerchia culturale che si assolutizza, ma che la Chiesa ha bisogno di unità, che ha bisogno di qualcosa come un Primato.

Ho trovato interessanti le parole del teologo russo ortodosso John Meyendorff, che vive in America, il quale, riferendosi all'Ortodossia, ha detto che il problema più grande è rappresentato dalle autocefalie;[9] avremmo bisogno, dice, di qualcosa come un primo, un primate. E questo viene affermato anche in altre comunità. Le difficoltà della cristianità non cattolica, sia dal punto di vista teologico che da quello pragmatico, sono largamente riconducibili anche alla circostanza che essa non possiede alcun organo di unità. Così, anche da questa prospettiva diviene chiaro che un organo di unità è necessario, un organo tuttavia che chiaramente non agisca in modo dittatoriale, ma a partire dalla profonda comunità di fede. Le tendenze centrifughe continueranno ad esserci, ma lo sviluppo della storia, la freccia che indica la sua direzione ci dice questo: la Chiesa ha bisogno di un organo di unità.

---

[9] Dal greco *autokephalos*, "che si autogoverna". Nella Chiesa Ortodossa è il termine che indica una Chiesa autonoma. Le autocefalie vengono rette da un proprio capo e designano autonomamente il proprio vescovo /metropolita.

Negli ultimi decenni, in molte diocesi si è avuto a stento un esperimento pastorale nel quale si rinunciasse allo sforzo di "modernizzare" la Chiesa. Il filosofo Rüdiger Safranski denunciò che così la Chiesa si era trasformata in un "freddo progetto religioso", in un misto di "etica sociale, concetto di potere istituzionale, psicoterapia, tecnica di meditazione, servizi museali, gestione culturale e attività sociale". Nell'ambito di un così-fan-tutti molto diffuso, i critici osservano come nel Popolo di Dio sia venuta meno la sensibilità che la fede nasce da tutt'altre radici che non la società del divertimento in Occidente. Ma anche molti teologi e sacerdoti nel frattempo si sono talmente allontanati dalla linea fondamentale che è diventato molto difficile riconoscere un profilo cattolico.

Cos'è che è andato storto?

Le forze del decadimento presenti nell'anima dell'uomo effettivamente agiscono. A ciò si aggiunge il desiderio di arrivare al pubblico; o anche quello di trovare per così dire un'isola qualsiasi nella quale si possa modellare autonomamente il terreno rimasto vergine. E allora s'inizia a fare del moralismo politico, com'è accaduto nella teologia della liberazione e in altri esperimenti, per rendere il Cristianesimo per così dire più attuale. Oppure s'imbocca la direzione della psicoterapia e del *wellness*, si va dunque verso forme che identificano la religione con un senso qualsiasi di benessere complessivo.

Tutti questi tentativi nascono dal fatto che si amputa la radice vera e propria, la fede. Quello che resta – e le citazioni da Lei riportate lo mostrano correttamente – sono progetti fatti da sé, che forse possiedono un certo, limitato valore per la vita, ma che non pongono in essere alcuna convincente comunione con Dio e non legano le persone tra loro in modo duraturo. Si tratta di isole, nelle quali certe persone si stabiliscono, ma sono isole effimere, perché notoriamente le mode passano.

In questo contesto bisogna chiedersi come sia possibile che, in molti Paesi dell'Occidente, gli scolari imparano la religione cattolica per molti anni e alla fine conoscono forse il buddismo, ma del cattolicesimo non conoscono neppure le caratteristiche essenziali. E tutto questo accade sotto la responsabilità delle diocesi.

È una domanda che mi pongo anch'io. In Germania ogni ragazzo riceve l'insegnamento di religione da nove a tredici anni. Perché poi, di tutto questo, rimanga in loro ben poco, è incomprensibile. In effetti è necessario che i vescovi riflettano seriamente su come possa darsi alla catechesi un cuore nuovo, un nuovo volto.

Anche nei media *ecclesiastici si è annidata una "cultura del dubbio" che oggi passa per* chic. *Intere redazioni fanno acriticamente propri gli* slogan *della solita critica alla*

Chiesa. I vescovi seguono i consigli dei propri consulenti di media, *che suggeriscono loro una linea morbida per non danneggiare la loro immagine* liberal. *Quando poi interi gruppi di* media *di proprietà della Chiesa mettono fuori commercio i libri religiosi, allora non diventa problematico parlare di nuova evangelizzazione, è ancora credibile farlo?*

Si tratta di fenomeni ai quali si può solo guardare con tristezza; cattolici per così dire di professione, che vivono grazie alla loro confessione e nei quali evidentemente la fonte della fede scorre ormai solo molto debolmente, opera solo in qualche goccia. Dobbiamo veramente impegnarci perché le cose cambino. In Italia, dove comparativamente vi sono molte meno opere ecclesiastiche, osservo come le iniziative nascano non perché la Chiesa come istituzione faccia alcunché, ma perché le persone sono credenti. I cambiamenti spontanei non scaturiscono da un'istituzione, ma dalla fede autentica.

La Chiesa deve anche rimanere in movimento, è permanentemente "in cammino". Il Papa non si chiede anche se, in alcune cose, egli si opponga a qualcosa che non si può arrestare, semplicemente perché corrisponde al necessario processo di civilizzazione che la Chiesa non può respingere?

Certo, bisogna sempre chiedersi cosa, di quello che un tempo valeva come essenzialmente cristiano, sia stato in realtà solo espressione di una data epoca. Cosa, dunque, è veramente essenziale? Questo significa che dobbiamo sempre ritornare al Vangelo ed alle parole della fede per appurare questo: primo, cosa gli appartiene? Secondo: cosa cambia col mutare dei tempi? E terzo: cosa non gli appartiene? Il punto decisivo in fin dei conti consiste sempre nel fare il giusto discernimento.

14

IL COSIDDETTO STALLO DELLE RIFORME

Celibato, sacerdozio femminile, omosessualità: è questo il canone che da decenni determina sempre le stesse questioni che animano la discussione nei mezzi di comunicazione. Solo quando ad esse si risponderà positivamente, si dice, la Chiesa tornerà ad essere attraente. Salta all'occhio però che in Germania la Chiesa Evangelica – che non ha il celibato e che ammette il sacerdozio femminile – perda più fedeli della Chiesa Cattolica. Dedichiamoci brevemente ad alcuni punti.

I cattolici che avendo divorziato si risposano non possono ricevere la Comunione. Lei una volta ha detto che "il problema è molto difficile e deve essere ancora approfondito".

Certo che bisogna farlo. Da un lato vi è la certezza di quello che il Signore ci dice: il matrimonio contratto nella fede è indissolubile. È una parola che non possiamo manipolare, dobbiamo mantenerla intatta, anche se contraddice gli stili di vita oggi dominanti. Ci sono state epoche nelle quali il Cristianesimo era talmente presente che l'indissolubilità del matrimonio era la norma, ma in molte civiltà essa non lo è. Spesso i vescovi del Terzo Mondo mi dicono: "Il sacramento del matrimonio è il più difficile di tutti", oppure: "Questa realtà non è ancora giunta fino a noi".

Armonizzare questo sacramento con i modi di convivenza tramandati è un processo che coinvolge l'intera esistenza, ed è una battaglia il cui esito non può essere forzato. In questo senso, quello che oggi osserviamo nella società occidentale che va sfaldandosi non rappresenta l'unica situazione di crisi rispetto a tale questione. Ma rinunciare per questo al matrimonio monogamico, oppure interrompere la battaglia per questa forma di unione, significherebbe contraddire il Vangelo.

Dio ha creato gli uomini maschio e femmina, e "l'uomo non separi ciò che Dio ha unito", dice Gesù. E tuttavia è un comandamento che fece mugugnare già i primi discepoli.

Sì. Quello che si può fare è, da un lato analizzare più a fondo la questione della validità dei matrimoni. Fino ad oggi il Diritto canonico ha presupposto che chi contrae matrimonio sappia che cos'è il matrimonio. Presupposta tale consapevolezza, il matrimonio è valido ed indissolubile. Nell'odierno groviglio di opinioni, e in una costellazione totalmente mutata, si "sa" invece che è normale rompere il matrimonio. E allora è necessario chiedersi come riconoscere la validità e dove sia possibile operare per una guarigione.

Un combattimento vi sarà sempre. Ma per questo non mantenere alti i criteri o cedere del tutto non aiuterebbe la società ad innalzare il proprio livello morale. Mantenere come criterio di giudizio ciò che è difficile, fare in modo che sia questo il metro al quale gli uomini possano sempre commisurarsi, è un compito necessario affinché non seguano altre cadute.

C'è in questo senso una certa tensione interiore. La pastorale allora dovrà vedere come restare vicina alle singole persone e anche nella situazione, diciamo, irregolare, aiutarle a credere in Cristo Salvatore, a credere alla sua bontà, perché Lui è ancora lì per loro, anche se non possono ricevere la Comunione; aiutarle a restare nella Chiesa, anche se la condizione in cui vivono non è in ordine dal punto di vista del Diritto canonico. La pastorale deve aiutare quelle persone a riconoscere questo: "Certo, sono al di sotto di quello che come cristiano dovrei essere, ma non cesso di essere cristiano, di essere amato da Cristo e tanto più rimango nella Chiesa, perché tanto più Egli mi prende sulle sue spalle".

Nel 1968, con la famosa Enciclica Humanae vitae, *Paolo VI pose a tema la questione della contraccezione. Già allora egli mise in guardia dalle fatali conseguenze che avrebbe avuto l'intervento dell'uomo nell'ordine naturale. La vita è troppo grande e troppo sacra perché la si manipoli. È come se avesse voluto dirci: se non rispettiamo la vita dei bambini, perderemo la vita noi stessi, la nostra società, il nostro mondo.*

Forse allora non si poteva comprendere questa visione. Oggi assistiamo non solo ai danni giganteschi che la pillola anticoncezionale ha prodotto sulla salute e sull'ambiente; vediamo pure come i nostri sistemi sociali crollano perché siamo divenuti una società senza figli, che perde le sue fondamenta. E tuttavia la Chiesa Cattolica riesce a stento a rendere comprensibile la sua morale sessuale. Una top model *brasiliana afferma, ad esempio, che al giorno d'oggi non c'è una sola donna che arrivi vergine al matrimonio. Un vescovo ausiliare emerito critica la Chiesa perché alle questioni relative alla sessualità ed al matrimonio darebbe risposte "a stento vivibili per gli uomini, ed in effetti si vive diversamente".*

È una problematica ampia. In quest'ambito ci è impossibile analizzare tutte le sfaccettature ed addentrarci nei dettagli. È giusto che in questo campo molte cose debbano essere ripensate ed espresse in modo nuovo. E tuttavia, per rispondere alla *top model* ed anche al pensiero di molti altri, la statistica non può essere il metro di giudizio della morale. È abbastanza grave quando la demoscopia diventa il criterio per assumere le decisioni politiche, quando furtivamente ci si chiede: "Come aumentare il mio consenso" invece di domandarsi: "Cosa è giusto fare"? E così anche i sondaggi rispetto a come si vive e a cosa si fa non rappresentano già in sé il criterio del vero e del giusto.

Paolo VI ha avuto profeticamente ragione. Era persuaso del fatto che la società deruba se stessa delle sue grandi speranze se uccide le persone con l'aborto. A quanti bambini, che un giorno sarebbero potuti diventare geni, che avrebbero potuto donare al mondo cose nuove, che avrebbero potuto regalarci un nuovo Mozart, nuove acquisizioni scientifiche, si toglie la vita? Si dovrebbe considerare quale riserva di capacità umane si distrugge, a prescindere dal fatto che i bambini non nati sono persone umane, la cui dignità ed il cui diritto alla vita dobbiamo rispettare.

La pillola anticoncezionale è un altro problema ancora.

Sì. Quello che voleva dire Paolo VI, la sua grande visione che rimane valida è questa: se si separano fondamentalmente l'una dall'altra sessualità e fertilità – è quello che accade con l'utilizzo della pillola – allora la sessualità diventa una cosa qualunque. Dopo, tutti i tipi di sessualità hanno lo stesso valore. A questa concezione che vede nella fertilità qualcosa di distinto – così che i figli sono prodotti razionalmente e non vengono più visti come un dono naturale – in effetti è seguita ben presto quella che equipara l'omosessualità.

Le prospettive della "Humanae vitae" restano valide, ma altra cosa è trovare strade percorribili per viverle. Credo che ci saranno sempre delle minoranze intimamente persuase della giustezza di quelle prospettive e che, vivendole, ne rimarranno pienamente appagate così da diventare per altri affascinante modello da seguire.

Siamo peccatori. Ma non dovremmo assumere questo fatto come istanza contro la verità, quando cioè quella morale alta non viene vissuta. Dovremmo cercare di fare tutto il bene possibile, e sorreggerci e sopportarci a vicenda. Esprimere tutto questo anche dal punto di vista pastorale, teologico e concettuale nel contesto dell'attuale sessuologia e ricerca antropologica così che divenga comprensibile, è un grande compito al quale si sta lavorando ed al quale bisogna dedicarsi di più e meglio.

Solidarietà giunge perlomeno dall'ex sex symbol *di Hollywood, Raquel Welch. L'attrice americana oggi dice che l'introduzione della pillola anticoncezionale cinquant'anni fa ha portato al sesso senza responsabilità. La pillola indebolirebbe il matrimonio e la famiglia e condurrebbe a "condizioni caotiche". La Chiesa Cattolica si oppone in realtà ad ogni tipo di regolazione delle nascite?*

No. È noto che approva la regolazione naturale delle nascite, che non è unicamente un metodo, ma un cammino, perché presuppone che i coniugi abbiano tempo l'uno per l'altro, che si viva una relazione che dura nel tempo. E questo è qualcosa di fondamentalmente diverso dall'ingerire una pillola senza alcun legame interiore all'altro, solo per consegnarmi velocemente al primo che mi capita.

Alcuni considerano un'esclusione, altri addirittura una discriminazione il fatto che solo i cattolici possano ricevere l'Eucaristia. Come anche solo parlare di unità dei cristiani, si dice, se non si è nemmeno disposti a celebrare insieme intorno all'altare il Memoriale del Signore? Che dice il Papa in proposito?

Non solo la Chiesa Cattolica ma tutta l'Ortodossia insegna che può ricevere l'Eucaristia solo chi nella fede appartiene totalmente alla Chiesa. Il Nuovo Testamento e i Padri della Chiesa ci dicono inequivocabilmente che l'Eucaristia è il cuore della Chiesa, la vita nel corpo di Cristo, nell'unica comunità. Per questo l'Eucaristia non è un rito sociale qualsiasi, nel quale ci si incontra amichevolmente, bensì espressione dell'Essere al centro della Chiesa. Non può essere dunque dissociata da questa condizione dell'appartenere, semplicemente perché essa è l'atto stesso dell'appartenere.

Il celibato sembra essere sempre alla radice di ogni male; che si tratti degli abusi sessuali, oppure dell'abbandono della Chiesa, ovvero della penuria di sacerdoti. Su que-

st'ultimo aspetto bisognerebbe forse ricordare che, se rapportato con il numero dei praticanti, la quantità di sacerdoti è aumentata. Perlomeno in Germania dal 1960 ad oggi in rapporto ai praticanti il numero dei sacerdoti è semplicemente raddoppiato.

Ma intanto gli stessi vescovi consigliano di usare "più fantasia ed un pizzico di generosità in più" per "rendere possibile il ministero sacerdotale anche ad una persona sposata, accanto al modello fondamentale di sacerdozio celibatario".

Posso capire che i vescovi, nella confusione presente, riflettano anche su questo. Il difficile viene quando bisogna dire come una simile coesistenza dovrebbe configurarsi. Credo che il celibato ci guadagni nel suo essere segno grande e significativo e soprattutto diventa più vivibile se si costituiscono comunità di sacerdoti. È importante che i sacerdoti non vivano isolati da qualche parte, ma stiano insieme in piccole comunità, si sostengano a vicenda e facciano così esperienza dello stare insieme nel loro servizio a Cristo e nella rinuncia per il Regno dei cieli, e ne prendano anche sempre di nuovo coscienza.

Potremmo dire che il celibato è sempre un affronto a quello che le persone pensano normalmente; qualcosa che è realizzabile e credibile se è donato da Dio e se attraverso di esso mi batto per il Regno di Dio. In questo senso il celibato è un segno di tipo particolare. Lo scandalo che suscita, sta anche nel fatto che mostra questo: vi sono persone che vi credono. Sotto questo aspetto si tratta di uno scandalo che ha anche un suo aspetto positivo.

La non-ammissibilità dell'ordinazione sacerdotale delle donne è chiaramente espressa da un "non possumus" del supremo magistero. La Congregazione per la Dottrina della Fede l'ha poi sancita, sotto Paolo VI, nel documento Inter insignores *del 1976. In seguito Giovanni Paolo II ha confermato quella determinazione nella Lettera apostolica* Ordinatio Sacerdotalis *del 1994. In rapporto alla "stessa divina costituzione della Chiesa", egli, in virtù del suo ministero, dichiara letteralmente che "la Chiesa non ha in alcun modo la facoltà di conferire alle donne l'ordinazione sacerdotale e che questa sentenza deve essere tenuta in modo definitivo da tutti i fedeli della Chiesa".*

I critici vedono in questo una discriminazione. Gesù, affermano, non avrebbe chiamato delle donne al sacerdozio solo perché 2000 anni fa sarebbe stato impensabile.

È una stupidaggine, perché allora il mondo era pieno di sacerdotesse. Tutte le religioni avevano le proprie sacerdotesse, al contrario ci si sarebbe potuti sorprendere che non ve ne fossero nella comunità di Gesù Cristo, situazione questa, tuttavia, che a sua volta era in continuità con la fede d'Israele.

La formulazione di Giovanni Paolo II è molto importante: "La Chiesa non ha in alcun modo la facoltà di conferire alle donne l'ordinazione sacerdotale". Non si tratta di non volere, ma di non potere. Il Signore ha dato una forma alla Chiesa con i Dodici e poi con la loro successione, con i vescovi ed i presbiteri (i sacerdoti). Non siamo stati noi a creare questa forma della Chiesa, bensì è costitutiva a partire da Lui. Seguirla è un atto di obbedienza, nella situazione odierna forse un atto di obbedienza gravoso. Ma proprio questo è importante, che la Chiesa mostri di non essere un regime dell'arbitrio. Non possiamo fare quello che vogliamo. C'è invece una volontà del Signore per noi, alla quale ci atteniamo, anche se questo è faticoso e difficile in questa cultura e in questa civiltà.

Tra l'altro, le funzioni affidate alle donne nella Chiesa sono talmente grandi e significative che non può parlarsi di discriminazione. Sarebbe così se il sacerdozio fosse una specie di dominio, mentre al contrario deve essere completamente servizio. Se si dà uno sguardo alla storia della Chiesa, allora ci si accorge che il significato delle donne – da Maria a Monica sino a Madre Teresa – è talmente eminente che per molti versi le donne definiscono il volto della Chiesa più degli uomini. Pensiamo alle grandi festività cattoliche che sono riconducibili a delle donne, come il *Corpus Domini* o la Domenica della Divina Misericordia. A Roma, ad esempio, c'è una Chiesa nella quale le pale d'altare non raffigurano un solo uomo.

La pratica dell'omosessualità oggi in Occidente è considerata come forma di vita largamente riconosciuta. Per i modernisti la sua accettazione è addirittura indice del grado di progresso di una società. Nel Catechismo della Chiesa Cattolica – del quale Lei fu responsabile come Prefetto della Congregazione per la Dottrina della Fede – si legge: "Un numero non trascurabile di uomini e di donne presenta tendenze omosessuali profondamente radicate (…) devono essere accolti con rispetto, compassione, delicatezza. A loro riguardo si eviterà ogni marchio di ingiusta discriminazione. Tali persone sono chiamate a realizzare la volontà di Dio nella loro vita (…).

E tuttavia nello stesso Catechismo si legge anche: "Appoggiandosi sulla Sacra Scrittura, che presenta le relazioni omosessuali come gravi depravazioni, la Tradizione ha sempre dichiarato che 'gli atti di omosessualità sono intrinsecamente disordinati'".

Non sussiste una certa contraddizione tra questo passo e il rispetto verso gli omosessuali del quale si parla nella prima citazione?

No. Un conto è il fatto che sono persone con i loro problemi e le loro gioie, e alle quali, in quanto persone, è dovuto rispetto, persone che non devono essere discriminate perché presentano quelle tendenze. Il rispetto per la persona è assolutamente fondamentale e decisivo.

E tuttavia il senso profondo della sessualità è un altro. Si potrebbe dire, volendosi esprimere in questi termini, che l'evoluzione ha generato la sessualità al fine della riproduzione. Questo vale anche dal punto di vista teologico. Il senso della sessualità è condurre l'uomo e la donna l'uno all'altra e con ciò assicurare all'umanità progenie, bambini, futuro. Questa è l'intima determinazione che è nella sua natura. Tutto il resto è contro il senso più profondo della sessualità. Ed a questo dobbiamo restare fedeli, anche se al nostro tempo non piace.

Si tratta dell'intima verità di ciò che la sessualità significa nella struttura dell'essere umano. Se qualcuno presenta delle tendenze omosessuali profondamente radicate – ed oggi ancora non si sa se sono effettivamente congenite oppure se nascano invece con la prima fanciullezza – se in ogni caso queste tendenze hanno un certo potere su quella data persona, allora questa è per lui una grande prova, così come una persona può dover sopportare altre prove. Ma non per questo l'omosessualità diviene moralmente giusta, bensì rimane qualcosa che è contro la natura di quello che Dio ha originariamente voluto.

Non è un segreto che vi sono omosessuali anche tra i sacerdoti e i monaci. Di recente ha suscitato grande scalpore lo scandalo di relazioni omosessuali tra sacerdoti a Roma.

L'omosessualità non è conciliabile con il ministero sacerdotale; perché altrimenti anche il celibato come rinuncia non ha alcun senso. Sarebbe un grande pericolo se il celibato divenisse motivo per avviare al sacerdozio persone che in ogni caso non desiderano sposarsi, perché in fin dei conti anche il loro atteggiamento nei confronti dell'uomo e della donna è in qualche modo alterato, disorientato, ed in ogni caso non è in quell'ordine della creazione del quale abbiamo parlato.

Alcuni anni fa la Congregazione per l'Educazione Cattolica ha emanato una disposizione per la quale candidati omosessuali non possono diventare sacerdoti perché il loro orientamento sessuale li distanzia dalla retta paternità, da ciò che nel profondo definisce l'essere sacerdote. La scelta dei candidati al sacerdozio deve perciò essere molto accurata. Bisogna usare molta attenzione affinché non si introduca una simile confusione ed alla fine il celibato dei preti non venga identificato con la tendenza all'omosessualità.

Ma non c'è dubbio che nei monasteri, fra i chierici, se pure forse non vissuta, c'è omosessualità non praticata.

Anche questo fa parte dei travagli della Chiesa. E chi ne è colpito dovrebbe almeno tentare di non esercitare attivamente quella inclinazione, per rimanere fedele al compito più intimo del proprio ufficio.

La Chiesa Cattolica si considera il luogo dell'unica rivelazione di Dio. In essa trova espressione l'annuncio di Dio che innalza l'uomo alla sua massima dignità, bontà e bel-

lezza. Solo che diviene sempre più difficile trasmetterlo, questo messaggio, con la molteplicità di offerte in questo campo che in certo qual modo entrano in concorrenza tra loro. Lei stesso a Lisbona, durante un incontro con il mondo della cultura, nell'ambito del "Dialogo con il mondo" ha parlato di "convivenza" di verità.

Un conto è che diciamo che Cristo è il Figlio di Dio e che in Lui si esprime, in tutta la sua pienezza, la presenza della verità su Dio. Altra cosa è affermare che verità di vario tipo siano presenti anche in altre religioni, quasi come frammenti, come luci provenienti dalla luce più grande, verità le quali in un certo senso rappresentano un interiore movimento verso di Lui. Dire che in Cristo Dio è presente e che con ciò si manifesta a noi e parla a noi lo stesso vero Dio non esclude che nelle altre religioni vi siano delle verità; ma appunto verità che in certo qual modo rimandano a *la* verità. In questo senso il dialogo, nel quale questo rimando deve emergere, è un'intrinseca conseguenza della condizione dell'umanità.

15

COME AVVIENE IL RINNOVAMENTO?

Santo Padre, nessuno può seriamente contestare la necessità di una purificazione e di un rinnovamento della Chiesa, meno che mai a seguito del recente scandalo degli abusi sessuali. La domanda è questa: qual è esattamente il rinnovamento vero, il rinnovamento giusto?

Una volta Lei con parole drammatiche ha detto che il destino della fede e della Chiesa si decide proprio "nel rapporto con la liturgia". Un outsider *potrebbe pensare: ma non è in fin dei conti una questione secondaria quali formule si utilizzino nella Messa, quali posizioni si assumano e quali azioni si compiano?*

La Chiesa diviene visibile agli uomini in molte cose: nella *Caritas*, nei progetti missionari, ma il luogo nel quale se ne fa realmente maggiore esperienza come Chiesa, è la liturgia. Ed è giusto che sia così. In fondo il senso della Chiesa è di permettere che ci volgiamo a Dio e di lasciare entrare Dio nel mondo. La liturgia è l'atto nel quale crediamo che Lui viene tra noi e noi lo tocchiamo. È l'atto nel quale si compie l'essenziale: entriamo in contatto con Dio. Egli viene a noi e noi veniamo illuminati da lui.

In essa siamo ammaestrati e ci viene data forza in una duplice forma: da un lato, ascoltando la sua parola, così che Lo sentiamo parlare veramente, Egli ci indica la strada da seguire; dall'altro, per il fatto che Egli stesso si dona a noi nel Pane transustanziato. Naturalmente le parole possono essere diverse, differenti le posizioni del corpo. Per esempio, nella Chiesa d'Oriente vi sono alcuni gesti diversi dai nostri. In India, gesti identici che abbiamo in comune hanno in parte un altro significato. Quel che conta è che al centro ci sia veramente la Parola di Dio e la realtà del sacramento; che Dio non venga da noi investigato nei pensieri e nelle parole in modo puramente intelletuale, e che la liturgia non divenga un'auto-rappresentazione.

Per questo la liturgia è qualcosa di dato, di prestabilito?

Sì. Non siamo noi a fare qualcosa, non siamo noi a mostrare la nostra creatività, dunque tutto quello che sapremmo fare. Perché la liturgia non è uno *show*, non è un teatro, non è uno spettacolo, ma trae la sua vita da un Altro. E ciò deve anche divenire evidente. Per questo la forma liturgica prestabilita dalla Chiesa è così importante. Questa forma può essere riformata nello specifico, ma non è ogni volta producibile dalla comunità. Come detto, non si tratta di un produrre da sé. Si tratta di uscire da sé, andare al di là di sé per darsi a Lui e farsi toccare da Lui.

In questo senso è importante non solo l'espressione ma anche il carattere comunitario di questa forma. Essa può variare nei diversi riti, ma deve sempre avere ciò che ci precede e che proviene dalla pienezza della fede della Chiesa, dalla pienezza della sua tradizione, dalla pienezza della sua vita e non scaturisca semplicemente dalla moda del momento.

Significa che dobbiamo restare nella passività?

No, perché proprio questa impostazione ci sfida a lasciarci trarre fuori da noi, dalla semplice situazione del momento; ad abbandonarci alla pienezza della fede, comprenderla, prenderne intimamente parte conferendo anche alla Celebrazione eucaristica quella forma decorosa per la quale diventa bella, diviene una gioia.

Questo è accaduto in misura particolare in Baviera, ad esempio attraverso la grande fioritura della musica sacra oppure attraverso l'esplosione di gioia nel *Roccocò* bavarese. È importante che al tutto si conferisca anche una forma bella, ma sempre al servizio di quello che ci precede, e non come qualcosa che innanzitutto dovremmo fare.

Per quel che riguarda la sacralità dell'Eucaristia, Lei una volta ha affermato che non c'è alcuna libertà di azione. Essa sarebbe il fulcro e il cardine di ogni rinnovamento. Cambiamenti spirituali sarebbero possibili unicamente a partire dallo spirito dell'Eucaristia.

Se è vero – come noi crediamo – che nell'Eucaristia Cristo è realmente presente, allora questo è l'avvenimento centrale per eccellenza. Non l'avvenimento di un solo giorno, ma della storia del mondo nel suo complesso, forza decisiva dalla quale poi possono scaturire dei cambiamenti. È importante che nella Eucaristia parola e presenza reale del Signore nei segni stiano insieme. Che nella parola troviamo anche un insegnamento. Che nella nostra preghiera rispondiamo, e che in questo modo il precedere di Dio ed il nostro andare insieme con Lui ed il lasciarsi-cambiare si intreccino, perché avvenga quel cambiamento dell'uomo che è la più importante condizione per un cambiamento realmente positivo del mondo. Se vogliamo che nel mondo qualcosa vada avanti, questo è possibile solo a partire dall'unità di misura di Dio che entra in noi come realtà. Nell'Eucaristia gli uomini posso essere plasmati in modo tale che accada qualcosa di nuovo. Per questo le grandi figure che in tutta la storia hanno suscitato vere rivoluzioni di bene sono i santi che, toccati da Cristo, hanno portato nel mondo nuovi impulsi.

Il documento conciliare Lumen Gentium, *all'undicesimo capitolo definisce la partecipazione domenicale al Sacrificio Eucaristico come "fonte e apice di tutta la vita cristiana". Cristo dice: "Chi mangia il mio corpo e beve il mio sangue ha la vita eterna". Da Papa, Lei ha iniziato ad amministrare la Comunione ai fedeli in bocca, quando essi si inginocchiano. Crede che sia questa la posizione più appropriata?*

Innanzitutto bisogna dire questo: è importante che il tempo abbia una struttura identica per tutti i credenti. L'Antico Testamento, già nel racconto della Genesi prestabilisce questo, in quanto rappresenta il settimo giorno come quello nel quale Dio riposa e gli uomini riposano con lui. Per i cristiani, questa struttura temporale parte dalla domenica, dal giorno della Risurrezione, nel quale Egli incontra noi e noi Lui. E qui l'atto più importante è per così dire il momento dell'unione, quando Egli si dona a noi.

Non sono contro la Comunione in mano per principio, io stesso l'ho amministrata così ed in quel modo l'ho anche ricevuta. Facendo sì che la Comunione si riceva in ginocchio e che la si amministri in bocca, ho voluto dare un segno di profondo rispetto e mettere un punto esclamativo circa la Presenza reale. Non da ultimo perché proprio nelle celebrazioni di massa, come quelle nella Basilica di San Pietro o sulla Piazza, il pericolo dell'appiattimento è grande. Ho sentito di persone che si mettono la Comunione in borsa, portandosela via quasi fosse un *souvenir* qualsiasi. In un contesto simile, nel quale si pensa che è ovvio ricevere la Comunione – della serie: tutti vanno avanti, allora lo faccio anch'io – volevo dare un segnale forte; deve essere chiaro questo: "È qualcosa di particolare! Qui c'è Lui, è di fronte a Lui che cadiamo in ginocchio. Fate attenzione! Non si tratta di un rito sociale qualsiasi al quale si può partecipare o meno".

Maria è la Genitrice di Dio. In un certo senso mette al mondo Dio. Questo in senso lato ci mostra quello che ogni cristiano dovrebbe essere: colui che genera Dio?

Un giorno, nostro Signore, quando gli fu detto "fuori tua madre e i tuoi fratelli vogliono parlarti", indicando le persone intorno a sé, disse: "Chiunque fa la volontà del Padre mio che è nei cieli, questi è per me fratello, sorella e madre". Così egli trasmetteva a noi il compito della maternità, per rendere ancora possibile per così dire la nascita di Dio in questo tempo. Per i Padri della Chiesa, la nascita di Dio è uno dei grandi temi. Dicevano che essa è avvenuta un'unica volta a Betlemme, ma comunque, in un senso più profondo e più ampio, deve accadere nuovamente in ogni nuova generazione ed ogni cristiano è chiamato a questo.

Il ruolo avuto da Gesù nell'emancipazione delle donne – prima ampiamente escluse dall'accesso alla religione, a Dio ed alla società – non deve considerarsi tanto importante quanto l'apertura della rivelazione di Dio ai pagani?

È giusto che Gesù ha lasciato che le donne si accostassero a lui in un modo prima a stento immaginabile; che dopo la Risurrezione ha fatto di una donna il primo testimone di quell'avvenimento, che dunque le donne furono accolte nella cerchia più intima dei suoi amici e che con ciò Egli ha dato un segno nuovo. Nella comparazione delle religioni sarei tuttavia cauto nel dire che qui appare immediatamente qualcosa di esplosivo. Si schiude lentamente. E tuttavia è effettivamente importante, come Lei dice, che Gesù, nella comunità dei credenti, ha dato alle donne un posto del tutto nuovo: da un lato, sulla Croce, facendo di sua Madre la Madre di tutti i cristiani, dall'altro accordando la sua prima apparizione dopo la Risurrezione ad una donna.

In Occidente la Chiesa Cattolica Romana vive un cambiamento senza precedenti, soprattutto anche dal punto di vista quantitativo. In Germania, ad esempio, nell'arco dei prossimi dieci anni morirà un terzo degli attuali membri della Chiesa, dei sacerdoti e degli appartenenti agli Ordini religiosi. L'80% circa degli appartenenti agli Ordini religiosi femminili ha un'età superiore ai 65 anni. La condizione, per età, dei monaci e dei sacerdoti è simile. È necessario chiudere Chiese ed accorpare comunità. Gli elementi che fanno la Chiesa di maggioranza continueranno ad assottigliarsi.

Lei stesso, già nel 1971, affermava che la Chiesa "ridiventerà piccola, in larga misura dovrà ricominciare da capo", non riuscirà più a riempire molte delle costruzioni edificate nel periodo di alta congiuntura e, insieme al numero dei fedeli, perderà anche molti privilegi nella società. L'attuale Chiesa di maggioranza, dicono alcuni, corrisponderebbe ormai solo ad una "amministrazione dell'incredulità di fatto". Il metro di giudizio della Chiesa non potrebbe essere il successo esteriore; perché se si dà la precedenza alla massa dei credenti, i contenuti vanno in secondo piano, a favore del semplice esserci.

La Chiesa di maggioranza si avvicina alla sua fine?

Da una prospettiva universale, il quadro cambia da caso a caso. In molte parti del mondo una Chiesa di massa non c'è mai stata. In Giappone i cristiani rappresentano una piccola minoranza. In Corea sono una forza viva, in espansione, che riesce ad influenzare anche la pubblica opinione, ma una Chiesa di massa non c'è. Nelle Filippine i cristiani sono Chiesa di massa, ed anche oggi un filippino è semplicemente *cattolico*: con gioia ed entusiasmo. D'altro canto, i cristiani in India sono una minoranza marginale, anche se socialmente significativa, sui cui diritti dibatte aspramente una società che riconosce la propria identità nell'induismo.

Come detto, la situazione è molto differente a livello mondiale. È giusto affermare che in Occidente l'identificazione tra popolo e Chiesa va diminuendo.

In Germania dell'Est questo processo è già in forte stato di avanzamento: qui i non battezzati sono già la maggioranza. Similmente, in molte parti del mondo occidentale il numero dei cristiani va assottigliandosi. Sussiste tuttavia una identità culturale definita ed anche voluta dal Cristianesimo. Ricordo cosa mi disse un politico francese: "Sono un ateo protestante". Significa che sono ateo, e tuttavia mi considero ancorato alla radice del Protestantesimo.

Questo rende le cose complicate.

Sì, perché del clima culturale in senso lato di molti Paesi occidentali fa parte ancora la loro origine cristiana. Eppure ci orientiamo sempre più verso un Cristianesimo per scelta convinta. E da questo dipende in che misura sarà efficace un'impronta cristiana complessiva. Direi che, da un lato oggi è necessario rafforzare questo Cristianesimo che viene da una scelta, ravvivarlo e diffonderlo, così che più persone di nuovo vivano e professino coscientemente la propria fede. Dall'altro lato dobbiamo riconoscere che come cristiani non siamo semplicemente identici con la cultura e la nazione come tale, ma che comunque abbiamo la forza di plasmarla e stabilire quei valori che la società assume, anche se la maggioranza di essa non è di cristiani credenti.

16

MARIA E IL MESSAGGIO DI FATIMA

Al contrario del suo predecessore, Lei è considerato un teologo con un orientamento più cristocentrico che mariano. Eppure solo un mese dopo la Sua elezione Lei esortò i credenti radunati in Piazza San Pietro ad affidarsi alla Madonna di Fatima. Nel corso della sua Visita a Fatima nel maggio 2010 usò parole spettacolari: l'avvenimento di 93 anni fa, quando il cielo si è aperto proprio sul Portogallo, è "come una finestra di speranza che Dio apre quando l'uomo Gli chiude la porta". Proprio il Papa che il mondo conosce come il difensore della ragione ora dice: "La Vergine Maria è venuta dal Cielo per ricordarci la verità del Vangelo".

È vero, sono cresciuto in una pietà anzitutto cristocentrica, come si era andata sviluppando tra le due guerre attraverso un rinnovato accostarsi alla Bibbia e ai Padri; in una pietà che coscientemente ed in misura pronunciata veniva nutrita attraverso la Bibbia e dunque era orientata a Cristo. Di questo però fa sempre parte certamente la Madre di Dio, la Madre del Signore. Nella Bibbia, in Luca e Giovanni, compare relativamente tardi, ma in modo tanto più splendente, ed in questo senso è sempre appartenuta alla vita cristiana. Nelle Chiese d'Oriente già molto presto ella acquisì grande importanza, si pensi ad esempio al Concilio di Efeso del 431. E di continuo, attraverso tutta la storia, Dio se ne è servito come della luce perché Egli possa condurci a sé.

In America Latina, ad esempio, il Messico è divenuto cristiano nel momento in cui è apparsa la Madonna di Guadalupe. Allora gli uomini compresero: "Sì, è questa la nostra fede; con essa veramente arriviamo a Dio; la Madre lo mostra a noi; in essa è trasformata e ricompresa tutta la ricchezza delle nostre religioni". In America Latina, in fondo, hanno portato le persone alla fede due figure: da una parte la Madre, dall'altra Dio che patisce, che patisce anche per tutto quello che di violento ciascuno di loro ha dovuto sopportare.

Così bisogna dire che la fede ha una storia. L'ha evidenziato il cardinale Newman. La fede si sviluppa. E di questo fa parte anche una manifestazione sempre più potente della Madre di Dio nel mondo, come guida, come luce di Dio, come la Madre attraverso la quale possiamo riconoscere il Padre e il Figlio. Dio ci ha dato perciò dei segni; proprio nel XX secolo. Nel nostro razionalismo e di fronte alle nascenti dittature, ci mostra l'umiltà della Madre che appare a dei bambini dicendo loro l'essenziale: fede, speranza, amore, penitenza.

E così capisco anche che le persone qui trovino per così dire delle finestre. A Fatima ho visto centinaia di migliaia di persone che, attraverso quello che Maria aveva confidato a dei bambini, in questo mondo pieno di sbarramenti e chiusure, ritrovano in certo qual modo l'accesso a Dio.

Il famoso "Terzo segreto di Fatima" venne pubblicato solo nell'anno 2000 dal cardinale Joseph Ratzinger su disposizione di Giovanni Paolo II. Il testo parla di un vescovo vestito di bianco, che cade a terra, ucciso da un gruppo di soldati che gli sparano vari colpi di arma da fuoco, scena questa che venne interpretata come prefigurazione dell'attentato subito da Giovanni Paolo II. Ora Lei dice: "Si illuderebbe chi pensasse che la missione profetica di Fatima sia conclusa". Cosa intende? Significa che il messaggio di Fatima in realtà ancora non si è compiuto?

Nel messaggio di Fatima bisogna tenere distinte due cose: vi è da un lato un preciso avvenimento, rappresentato in forma di visione, dall'altro la cosa fondamentale, della quale qui si tratta. Il punto non era soddisfare una curiosità. In questo caso avremmo dovuto pubblicare il testo molto prima. No, si tratta di accennare ad un punto critico, ad un momento critico nella storia: quello nel quale si scatena tutta la forza del male, che nel XX secolo si è cristallizzata nelle grandi dittature e che, in altra forma, agisce anche oggi.

Si trattava poi della risposta a questa sfida. Questa risposta non consiste in grandi azioni politiche, ma in definitiva può giungere solo dalla trasformazione dei cuori: attraverso la fede, la speranza, l'amore e la penitenza. In questo senso il messaggio di Fatima non è concluso, anche se le due grandi dittature sono scomparse. Rimane la sofferenza della Chiesa, resta la minaccia agli uomini e con essa permane anche la questione della risposta; rimane perciò anche l'indicazione che ci ha dato Maria. Anche ora vi sono tribolazioni. Anche oggi il potere minaccia di calpestare la fede in tutte le forme possibili. Anche oggi è perciò necessaria la risposta della quale la Madre di Dio ha parlato ai bambini.

La Sua predica del 13 maggio a Fatima ha toni assai drammatici: "L'uomo ha potuto scatenare un ciclo di morte e di terrore", ha detto, "ma non riesce ad interromperlo...". Quel giorno, di fronte a mezzo milione di fedeli espresse una supplica che in fin dei conti è impressionante: "Possano questi sette anni che ci separano dal centenario delle Apparizioni", ha detto, "affrettare il preannunciato trionfo del Cuore Immacolato di Maria a gloria della Santissima Trinità".

Significa che il Papa, che detiene un mandato profetico,

ritiene possibile che nell'arco dei prossimi sette anni la Santa Madre di Dio si manifesterà in un modo che equivarrà ad un trionfo?

Ho detto che il "trionfo" si avvicinerà. Dal punto di vista contenutistico è la stessa cosa di quando preghiamo che venga il Regno di Dio. È una parola che non va intesa come se io mi aspetti che adesso avvenga una grande svolta e la storia improvvisamente cambi radicalmente corso: sono forse troppo razionalista per questo; volevo dire che la potenza del male è sempre di nuovo arrestata; che sempre nella forza della Madre si mostra la forza di Dio stesso, e la tiene viva.

La Chiesa è sempre chiamata a fare ciò per cui Abramo pregò Dio, e cioè avere cura che vi siano abbastanza giusti per tenere a freno il male e la distruzione. Ho voluto dire che le forze del bene possono sempre crescere di nuovo. In questo senso i trionfi di Dio, i trionfi di Maria sono silenziosi, e tuttavia reali.

17

GESÙ CRISTO RITORNA

Una volta fu chiesto a Robert Spaemann se un filosofo riconosciuto a livello internazionale come lui veramente credesse che Gesù nacque da una Vergine ed operò miracoli, che risuscitò dai morti e che con Lui si ottiene la vita eterna. Si tratterebbe di una vera e propria fede da bambini. E il filosofo ottantatreenne rispose: "Se vuole esprimersi in questi termini, sì, certo, più o meno credo alle stesse cose alle quali credevo da piccolo; con la differenza che nel frattempo vi ho riflettuto di più. La riflessione, alla fine, mi ha sempre rafforzato nella fede".

Anche il Papa crede ancora a quello che credeva da bambino?

Mi esprimerei in modo simile. Direi che il semplice è il vero, ed il vero è semplice. Il nostro problema consiste nel fatto che, per i troppi alberi, non riusciamo più a vedere la foresta intera; che con tutto questo sapere non troviamo più la sapienza. In questo senso anche Saint-Exupéry nel "Piccolo principe" ha ironizzato sull'intelligenza del nostro tempo, mostrando come essa trascuri l'essenziale e che invece il Piccolo principe, che non capisce nulla di tutte quelle cose intelligenti, in fin dei conti vede di più e meglio.

Qual è il punto? Che cosa è l'essenziale, cos'è quello che sorregge tutto? Vedere ciò che è semplice, tutto dipende da questo. Perché Dio non dovrebbe essere in grado di far scaturire la vita in una Vergine? Perché Cristo non potrebbe risorgere? Certo, se sono io stesso a fissare quello che può e quello che non può essere, se sono *io* e nessun altro a definire i limiti del possibile, allora fenomeni simili sono da escludere.

È un'arroganza dell'intelletto, dire: questo ha in sé qualcosa di contraddittorio, di insensato, già per questo è impossibile. Eppure non è cosa nostra decidere quante possibilità cela il cosmo, quante se ne nascondano sopra e dentro il cosmo. Per mezzo dell'annuncio di Cristo e della Chiesa la conoscenza su Dio si avvicina a noi in modo credibile. Dio voleva entrare nel mondo. Dio voleva che non lo intuissimo da lontano, solo attraverso la fisica e la matematica. Si voleva mostrare a noi. E così potè anche operare quello che è riportato nei Vangeli. Così, nella Risurrezione, ha potuto creare una dimensione nuova di esistenza; al di là della biosfera e della noosfera, come dice Teilhard de Chardin, ha posto in essere una nuova sfera, nella quale l'uomo e il mondo giungono all'unione con Dio.

La realtà è fatta in modo tale – ammise il fisico nucleare Werner Heisenberg – per cui anche le cose più improbabili sono fondamentalmente immaginabili. La conclusione del premio Nobel era questa: "Il primo sorso dal bicchiere delle scienze naturali rende atei; ma in fondo al bicchiere ci attende Dio".

Qui gli darei assolutamente ragione. Solo fintanto che si è inebriati dalle singole conoscenze, si afferma: "Di più è impossibile; ormai sappiamo tutto". Nell'attimo, però, in cui si riconosce la grandezza inaudita dell'insieme delle cose, lo sguardo arriva più lontano ed emerge la questione di un Dio dal quale tutto proviene.

Uno degli avvenimenti più straordinari del Pontificato sino ad oggi è stato la pubblicazione del primo volume del Suo libro su Gesù, al quale ora seguirà una seconda parte. È la prima volta che un Papa presenta uno studio teologico espressamente su Gesù Cristo. Sulla copertina, tuttavia, quale autore compare il nome Joseph Ratzinger.

Proprio perché non è un libro del Magistero, un libro che non ho scritto nella mia piena autorità di Romano Pontefice; si tratta invece di un libro che da tempo avevo in animo di scrivere quale ultima mia opera maggiore ed al quale avevo iniziato a lavorare prima della mia elezione a Papa. In modo del tutto cosciente non ho voluto porre un accento magisteriale, ma cimentarmi nelle dispute teologiche e tentare di offrire un'esegesi, un'interpretazione della Scrittura che non seguisse uno storicismo positivista, ma includesse la fede come elemento dell'interpretazione. Questo naturalmente, nell'attuale panorama esegetico, rappresenta un rischio enorme. Ma se l'interpretazione delle Scritture vuole realmente essere teologia, allora questo deve esserci. E se la fede deve aiutarci a capire, allora essa non deve essere considerata come un ostacolo, ma come un aiuto, così che ci avviciniamo effettivamente di più a quei testi che provengono dalla fede e che vogliono condurci ad essa.

Un Papa non viene eletto per diventare autore di bestseller. *Ma non Le sembra provvidenziale il fatto che Lei abbia potuto presentare questo libro nel momento in cui, dopo la piccola cattedra universitaria, con la cattedra di Pietro ha avuto a disposizione la più vasta platea del mondo?*

Questo lo lascio dire al buon Dio. Ho voluto pubblicare il libro, per aiutare le persone. Se, sulla base dell'elezione a Papa, posso aiutarne ancora di più, naturalmente sono contento.

"Gesù di Nazaret" è la quintessenza di un uomo che per tutta la sua vita – come sacerdote, teologo, vescovo, cardinale ed ora come Papa – si è occupato della figura di Gesù. Che cosa Le stava più a cuore?

In quest'uomo Gesù – è veramente uomo – c'è più di un uomo. Ed il divino non è stato per così dire aggiunto a seguito di ampie mitizzazioni. No, sin dall'origine di questa figura, sin dalla più antica tradizione, sin dal primo incontro si manifesta qualcosa che sconvolge tutte le aspettative.

Ogni tanto ho detto che all'*inizio* c'è lo straordinario; i discepoli lo recepiscono solo lentamente. All'inizio c'è anche la Croce. In un primo momento i discepoli tentano ancora di comprendere quell'avvenimento nel quadro di ciò che è comunemente accessibile. Solo lentamente si rivela loro tutta la grandezza di Gesù, ed essi vedono sempre più chiaramente ciò che è all'origine; dunque la natura originaria della figura di Gesù per la quale nel Credo professiamo: Gesù Cristo, l'Unigenito Figlio di Dio il quale fu concepito di Spirito Santo.

Cosa vuole Gesù da noi?

Vuole che gli crediamo. Che ci lasciamo condurre da Lui. Che viviamo con Lui. Divenendo così sempre più simili a Lui e con ciò giusti.

Il Suo libro è un evento perché segna un cambio di paradigma, una svolta nell'esame e nel rapporto con i Vangeli. Il metodo storico-critico ha i suoi meriti, eppure ha anche dato avvio ad un fatale sviluppo negativo. La "demitologizzazione" ad esso propria non solo ha con-

dotto ad un enorme appiattimento e ad una cecità nei confronti delle tante stratificazioni e dei messaggi più profondi della Bibbia. Oggi dobbiamo constatare che i presunti fatti degli scettici, che da duecento anni a questa parte relativizzano quasi tutti i dati della Bibbia, molto spesso erano mere ipotesi.

Non dovremmo affermare più chiaramente che, in passato, qui in parte si è esercitata una pseudo scienza che ha operato in modo non cristiano, anticristiano, fuorviando milioni di persone?

Non giudicherei così duramente. L'utilizzo del metodo storico per la Bibbia quale testo storico era una strada che andava percorsa. Se crediamo che Cristo è storia autentica e non mito, la testimonianza di Lui deve essere accessibile anche storicamente. A questo riguardo il metodo storico ci ha dato molto. Siamo di nuovo più vicini al testo ed alla sua origine, osserviamo con più precisione come è cresciuto e tanto altro ancora.

Il metodo storico-critico resterà sempre una dimensione dell'esegesi. Il Vaticano II ha chiarito questo, da un lato rappresentando gli elementi essenziali del metodo storico-critico come parte necessaria dell'accesso alla Bibbia, dall'altro però aggiungendo che la Bibbia va letta con lo stesso spirito con cui fu scritta. Deve essere letta nella sua interezza, nella sua unità. E questo è possibile unicamente se la si considera come libro del Popolo di Dio che procedendo va incontro a Cristo.

Non è necessaria *sic et simpliciter* una rottura quanto un'autocritica del metodo storico; un'autocritica della ragione storica, che riconosca i propri limiti e che ammetta una compatibilità con una conoscenza che nasce dalla fede; in una parola: è necessaria una sintesi tra un'interpretazione storica razionale ed una esegesi guidata dalla fede. Dobbiamo condurre ambedue le cose l'una all'altra nel modo giusto. E questo corrisponde anche al rapporto fondamentale tra fede e ragione.

Certo è che Gesù è documentato non solo attraverso i Vangeli, ma anche da una svariata quantità di fonti extra-bibliche. Esse non lasciano dubbi né sulla sua esistenza storica, né sulla sua venerazione come il Messia da lungo atteso. Gli autori dei Vangeli hanno ricercato in modo preciso e trascritto in modo avvincente e sincero, senza cadere nella tentazione di livellare o glorificare alcunché. I dettagli dei loro resoconti coincidono con i fatti storici.

Per dirlo più chiaramente: non c'è più dubbio che il Gesù storico ed il così detto "Gesù creduto" siano realtà assolutamente identiche?

Questo è stato per così dire il fulcro del mio libro, mostrare che il Gesù creduto è veramente anche il Gesù storico, e che la figura di Gesù, così come la mostrano i Vangeli, è molto più realistica e credibile delle tante altre rappresentazioni di Gesù che di continuo ci vengono presentate. Non solo sono prive di carne e sangue, ma anche irrealistiche, perché attraverso di esse non si spiega come d'improvviso sia immediatamente presente qualcosa di totalmente altro, qualcosa che va al di là di tutto ciò che è abituale.

È chiaro che Lei ha sollevato un vespaio di problemi storici. Io sarei più cauto e direi che ricerche specifiche, di dettaglio, rimangono importanti e utili, anche se la sovrabbondanza di ipotesi inizia a condurre all'assurdo. È chiaro che i Vangeli sono determinati anche dalla situazione concreta dei portatori della tradizione e si incarnano immediatamente nella fede. Ma non possiamo addentrarci in dettagli simili. L'importante è questo: è realistico, è storico solo il Cristo che i Vangeli credono, non quello che molte indagini hanno distillato *ex novo*.

I Vangeli non furono scritti molto tempo dopo l'accaduto, come per lungo tempo si è creduto, ma appunto quasi a ridosso degli eventi. Ed inoltre queste scritture ci sono state tramandate con una fedeltà al testo senza precedenti. Chi oggi legge il Nuovo Testamento, lo legge esattamente come è stato scritto duemila anni fa, a prescindere da un'incertezza nella traduzione di singole parole e da questioni stilistiche, come ha dimostrato il filologo Ulrich Victor sulla base delle sue ricerche.

Questo significa che non vi è stato in realtà alcun "modellamento" e con ciò una "trasformazione" del mes-

saggio di Gesù da parte della prima comunità cristiana o anche da parte di generazioni successive, come invece hanno sostenuto molti esegeti della Bibbia?

È chiaro innanzitutto questo: i testi relativi all'accaduto sono contemporanei. Grazie a Paolo soprattutto veniamo condotti a ridosso degli avvenimenti. La sua testimonianza dell'Ultima Cena e quella della Risurrezione – *1 Corinzi* 11 e 15 – risale letteralmente agli anni trenta. In secondo luogo è anche chiaro ed evidente che i testi, in quanto testi sacri, sono stati trattati con sacro timore, sono stati fissati prima nella memoria e poi tramandati in forma scritta. Ma naturalmente è giusto anche il fatto – e lo vediamo dal confronto con i Vangeli sinottici – che i tre evangelisti Matteo, Marco e Luca tramandano la stessa e medesima cosa con leggere variazioni, fissando in modi differenti il contesto temporale e del fatto. Questo significa che coloro che hanno trasmesso la tradizione in certo qual modo hanno cercato di rapportarsi, per favorirlo, al modo di comprendere delle relative comunità, e da questo emerge ciò che è perenne rispetto a ciò che è transeunte. In questo senso bisogna considerare che non si tratta di notizie redatte come un protocollo che, per così dire, dovrebbero essere nient'altro che fotografie. Si è trattato di fedeltà rigorosa, ma di una fedeltà già vivente e operante, senza tuttavia con ciò condizionare l'essenziale.

Il teologo Joseph Raztinger dimostra con argomenti chiari e con una logica convincente che Gesù è colui al quale è dato ogni potere, il Signore dell'universo, Dio stesso che è diventato uomo. L'apparire di Gesù ha cambiato il mondo come mai prima era accaduto. Questo apparire è la più grande cesura e il cambiamento più grande e radicale nella storia dell'umanità. Tuttavia vi sarà sempre un residuo di dubbio. Forse anche perché l'atto dell'Incarnazione di Dio in un uomo semplicemente va al di là della nostra capacità intellettiva?

Sì, in questo bisogna darLe assolutamente ragione. È semplicemente lasciato spazio alla libertà della decisione umana e del dire "sì". Dio non si impone, così come potrei accertare ad esempio che qui sul tavolo c'è un bicchiere: sì, è lì! La sua esistenza si manifesta in un incontro, che penetra nella più intima profondità dell'uomo e che tuttavia non può essere ridotto alla mera afferrabilità di un oggetto materiale. Così, sulla base della grandezza di ciò che accade, è chiaro che la fede è sempre un accadere nella libertà. Questo accadere cela in sé la certezza che si tratta di qualcosa di vero, di reale, e tuttavia non esclude mai del tutto la possibilità del disconoscere.

L'occuparsi della vita e dell'insegnamento di Gesù non deve essere al contempo sempre un interrogare la Chiesa? Quando, anche come autore, ci si immerge di nuovo ancora una volta in questa storia, non si ha una sensazione di venir meno al pensiero di quanto e quanto spesso la Chiesa ha deviato dalla strada maestra, indicatale dal Figlio di Dio?

Proprio in questo tempo segnato dagli scandali, abbiamo fatto esperienza di questa sensazione di venir meno, di quanto misera sia la Chiesa e di quanto falliscano i suoi membri nella sequela di Gesù Cristo. Di questo dobbiamo fare esperienza, per la nostra mortificazione, per la nostra autentica umiltà. D'altro canto, Egli, nonostante questo, non abbandona la Chiesa. Egli, nonostante la debolezza degli uomini nella quale essa si mostra, suscita in lei i santi ed è presente per mezzo di loro. Credo che i due sentimenti vadano insieme: il turbamento per la miseria e la peccaminosità nella Chiesa, e anche un altro turbamento, la commozione che nasce dal fatto che Egli non abbandona questo strumento, ma agisce per mezzo di esso; e che Egli si mostra sempre attraverso la Chiesa e in essa.

Gesù non porta solo una notizia, egli è anche il Salvatore, Colui che sana, il "Christus medicus", per usare un'antica espressione. In questa società tanto rovinata e malata, della quale tanto abbiamo discusso in questa intervista, non sarebbe compito prioritario della Chiesa in particolare rendere chiaro che il Vangelo offre guarigione? Cristo confermò a sufficienza i suoi discepoli sul fatto che, insieme all'annuncio, avevano il potere di scacciare i demoni e di guarire.

Sì, questo è decisivo. La Chiesa non grava gli uomini di un qualcosa, non propone un qualche sistema morale. Veramente decisivo è il fatto che essa dona Lui. Che apre le porte che conducono a Dio e che così dà agli uomini quello che maggiormente attendono, quello di cui hanno più bisogno e quello che può maggiormente aiutarli. Essa fa questo soprattutto per mezzo del grande miracolo dell'amore che sempre di nuovo accade. Gli uomini – senza ricavarne alcun profitto, senza doverlo fare di mestiere – motivati da Cristo, assistono gli altri e li aiutano. Questo carattere terapeutico del Cristianesimo – come dice Eugen Biser – che guarisce e dà gratuitamente, dovrebbe in effetti emergere molto più chiaramente.

Un grande problema per i cristiani è l'essere esposti ad un bombardamento permanente da parte del mondo contro i valori alternativi che offre la cultura cristiana. In fin dei conti, è impossibile opporsi a questa propaganda mondiale di comportamenti negativi?

In effetti abbiamo bisogno, in certo qual modo, di isole, nelle quali viva e dalle quali si diffonda la fede in Dio e la profonda semplicità del Cristianesimo; oasi, arche di Noè, nelle quali l'uomo può sempre trovare rifugio. Spazi protetti sono quelli liturgici. Ma la Chiesa si impegna ad offrire difese immunitarie anche con le diverse comunità e movimenti, nelle parrocchie, nell'amministrazione dei sacramenti, negli esercizi di pietà, nei pellegrinaggi e così via. Inoltre sviluppa spazi protetti nei quali, al contrario di ciò che di sfasciato ci circonda, si manifesta la bellezza del mondo e la bellezza della vita.

18

DELLE COSE ULTIME

Gesù non ha raccomandato ai suoi discepoli di usare la spada, ma ha fornito loro un'altra armatura: "Vi mando lo Spirito", promise. È legato a questo l'accesso ad un tipo di pensare che conduce al di là dell'abituale? Una sorta di intelligenza spirituale che oggi dobbiamo scoprire del tutto nuovamente?

Non bisogna immaginarselo in modo eccessivamente meccanico. Non come se, ad esempio, all'edificio della nostra esistenza viene per così dire aggiunto un altro piano. Ma nel senso che l'intimo contatto con Dio, per Cristo, con Cristo e in Cristo, apre veramente in noi nuove possibilità, dilatando il nostro cuore e il nostro spirito: la fede veramente conferisce alla nostra vita una ulteriore dimensione.

Forse lo si potrebbe paragonare ad un meta-net, *infinitamente più veloce di* internet, *ed in ogni caso più libero, vero e positivo.*

È quello che è stato espresso con il termine *Communio Sanctorum*; che tutti noi siamo in qualche modo uniti da un legame più profondo e ci riconosciamo, anche se non ci siamo mai visti, perché agisce in noi il medesimo Spirito, il medesimo Signore.

Nel suo discorso di Lisbona Lei ha affermato che un compito prioritario della Chiesa oggi consiste nel fatto di "portare le persone a guardare oltre le cose penultime e mettersi alla ricerca delle ultime". L'insegnamento delle "cose ultime" è parte centrale della fede. Tratta argomenti come l'inferno, il purgatorio, l'anticristo, la persecuzione della Chiesa negli ultimi tempi. Il ritorno di Cristo e il giudizio finale. Perché nella predicazione regna un silenzio così assordante sui temi escatologici che, rispetto ai temi caldi infraecclesiali, sono veramente di natura esistenziale e dunque riguardano ognuno?

È una questione molto seria. La nostra predicazione, il nostro annunzio effettivamente è ampiamente orientato, in modo unilaterale, alla creazione di un mondo migliore, mentre il mondo realmente migliore quasi non è più menzionato. Qui dobbiamo fare un esame di coscienza. Certo, si cerca di venire incontro all'uditorio, di dire loro quello che è nel loro orizzonte. Ma il nostro compito è allo stesso tempo sfondare quest'orizzonte, ampliarlo, e guardare alle cose ultime.

I novissimi sono come pane duro per gli uomini di oggi. Appaiono loro irreali. Vorrebbero al loro posto risposte concrete per l'oggi, soluzioni per le tribolazioni quotidiane. Ma sono risposte che restano a metà se non permettono anche di sentire e riconoscere nel profondo che io mi estendo oltre questa vita materiale, che c'è il giudizio, e che c'è la grazia e l'eternità. In questo senso dobbiamo anche trovare parole e modi nuovi, per permettere all'uomo di sfondare il muro del suono del finito.

Tutte le profezie di Gesù si sono compiute, una sola deve ancora avverarsi: quella del suo ritorno. Solo il suo compimento renderà pienamente vera la parola della "Redenzione". Lei ha coniato il termine "realismo escatologico". Che significa esattamente?

Significa che le cose ultime non sono un miraggio tipo Fata Morgana o utopie in qualche modo inventate, ma che colgono esattamente la realtà. Dobbiamo anche tenere sempre presente che Egli con invincibile certezza ci ha detto: io tornerò. Questa parola sta sopra tutto. Per questo originariamente la Messa veniva celebrata rivolti verso oriente, rivolti al ritorno del Signore simboleggiato dal sole che sorge.

Ogni Messa è perciò l'andare incontro a colui che viene. Così quel venire è in certo qual modo anticipato; noi andiamo verso di Lui, ed egli viene ora già in anticipo. Volentieri paragono questo alla storia delle nozze di Cana. Il Signore in un primo momento dice a Maria: "Non è ancora giunta la mia ora". Poi però dona il vino nuovo e anticipa per così dire la sua ora, che deve ancora giungere. Nell'Eucaristia questo realismo escatologico è reso presente: andiamo incontro a Lui – come a colui che viene – ed Egli viene ed anticipa già adesso quell'ora che un giorno sarà definitiva. Dovremmo comprenderlo come il nostro andare incontro al Signore che da sempre già viene, come l'immetterci nel suo venire e così permettere che siamo introdotti in una realtà più grande, proprio al di là di questa quotidianità.

Suor Faustina Kowalska, canonizzata da Giovanni Paolo II, circa ottant'anni fa in visione intese da Gesù queste parole: "Tu preparerai il mondo alla mia ultima venuta". Dobbiamo prendere queste parole seriamente?

Sarebbe errato interpretare queste parole in senso cronologico, armandoci per così dire immediatamente per il suo ritorno. Sono giuste invece se le si intende nel significato spirituale appena esposto, nel senso che il Signore sempre è Colui che viene, e che, al tempo stesso, ci prepariamo sempre anche alla venuta definitiva proprio se andiamo incontro alla sua misericordia, lasciandoci modellare da lui. Lasciarsi modellare dalla misericordia di Dio come antidoto alla spietatezza del mondo; è questa, per così dire, la preparazione perché egli stesso venga con la Sua misericordia.

Permetta che insista. Nell'unico libro profetico del Nuovo Testamento la "Rivelazione segreta di Giovanni", l'Apocalisse, intesa come lieta novella, tutto è orientato al ritorno di Cristo. Già i dottori della legge, i monaci e gli astronomi del tempo di Gesù cercavano di calcolare il momento della venuta del Messia.

Ora lo scienziato tedesco Rüdiger Holinski crede di avere scoperto che le sette comunità alle quali Giovanni rivolge le sue lettere in realtà non corrispondono a luoghi fisici quanto a riferimenti che indicano epoche della storia della Chiesa che si susseguono l'una dopo l'altra. In questo senso, il nome della settima ed ultima comunità, LAODICEA (che tradotto significa: diritto del popolo), sta per una ribellione generalizzata e per spinta alla partecipazione. Il parallelo "settimo sigillo" sta per un'epoca caratterizzata da paure, depressioni, false dottrine della Chiesa e nuove religioni, un tempo nel quale le opere non sono né calde, né fredde.

Certo è che oggi il mondo è in pericolo come non mai. In molti ambiti, come abbiamo visto, la devastazione del nostro pianeta, patria dell'umanità, ha raggiunto un punto di non ritorno. La condizione della fede vive cambiamenti drammatici. La coscienza della fede si affievolisce sempre più, molti edifici di culto vengono chiusi, una dittatura delle opinioni agisce non più in modo sottile, ma apertamente ed in modo aggressivo. A ciò si aggiunge il fatto che l'uomo infrange ormai l'ultimo divieto biblico, l'Albero della vita, con la manipolazione e la creazione della vita stessa. È questa situazione che L'ha indotta, nel Suo libro su Gesù, a richiamare l'attenzione sul fatto che bisognerebbe applicare al tempo presente anche le parole di condanna di Gesù?

Sono scettico di fronte a simili interpretazioni. L'Apocalisse è un libro misterioso ed ha più dimensioni. Lascerei aperta la questione se quello che sostiene l'esegeta citato rappresenti una di esse. In ogni caso l'Apocalisse non fornisce alcuno schema in ordine ad un calcolo dei tempi. Quello che invece in essa sorprende è proprio il fatto che, quando si crede che: ecco si è giunti alla fine, tutto inizia daccapo. Questo significa che l'Apocalisse misteriosamente rispecchia lo svolgersi dei travagli, senza dirci contemporaneamente quando e come esattamente giunge la risposta e quando e come il Signore si mostra a noi.

Non è un libro che si presta a calcoli temporali. È importante che ogni epoca sia consapevole che il Signore è vicino. Che anche noi stessi, qui ed ora, siamo sotto il giudizio del Signore e ci lasciamo giudicare dal suo tribunale. Si discuteva di una duplice venuta di Cristo, una a Betlemme ed una alla fine dei tempi, sino a quando san Bernardo di Chiaravalle parlò di un *Adventus medius*, di una venuta intermedia, attraverso la quale Egli periodicamente entra sempre di nuovo nella storia.

Credo che con ciò san Bernardo abbia preso la tonalità giusta. Noi non possiamo stabilire quando il mondo finirà. Cristo stesso dice che nessuno lo sa, nemmeno il Figlio. Dobbiamo però rimanere per così dire sempre presso la sua venuta, e soprattutto, nelle pene, essere certi che Egli è vicino. Allo stesso tempo dovremmo sapere che per le nostre azioni siamo sotto il suo giudizio.

Non sappiamo quando *avverrà, ma stando al Vangelo sappiamo* che avverrà. *"Quando il Figlio dell'uomo verrà nella sua gloria con tutti i suoi angeli" è scritto nel Vangelo di Matteo, "si siederà sul trono della sua gloria". Separerà l'umanità così come il pastore separa le pecore dai capri. Agli uni dirà: "Ricevete in eredità il regno preparato per voi fin dalla fondazione del mondo". Ma agli altri: "Via, lontano da me, maledetti, nel fuoco eterno". Giovanni sottolinea di questi ammonimenti: "Io sono venuto nel mondo come luce, perché chiunque crede in me non rimanga nelle tenebre". Ci sono molte altre parole di giudizio simili. Sono cose da intendere unicamente a livello simbolico?*

Naturalmente no. Vi sarà un autentico giudizio universale. L'uomo è sottoposto per così dire ad un penultimo giudizio al momento della morte. Il grande scenario dipinto soprattutto in Matteo 25, con i capri e le pecore, è una similitudine per l'inimmaginabile. Non siamo in grado di immaginarci questo avvenimento inaudito; tutto il cosmo è davanti al Signore, tutta la storia è di fronte a Lui. Deve essere raffigurato in immagini, grazie alle quali ci è possibile intuirlo. Ma, come sarà da un punto di vista visivo, va al di là della nostra capacità di immaginazione.

Ma è molto importante che Egli è giudice, che avrà luogo un giudizio vero e proprio, che l'umanità sarà separata e che a quel punto effettivamente vi è la possibilità dell'essere cacciati via; e che le cose non sono indifferenti. Oggi le persone tendono a dire: "Ma sì, in fin dei conti non sarà così terribile. Dio in fin dei conti non può essere così". No, invece, Egli ci prende sul serio. E l'esistenza del male è un fatto, che rimane e deve essere condannato. In questo senso, colmi di lieta gratitudine per la bontà di Dio e per il fatto che ci dona grazie, dovremmo percepire e prendere molto sul serio – rispetto al nostro programma di vita – il male che abbiamo visto nel nazismo e nel comunismo e che anche oggi vediamo intorno a noi.

14 anni fa Le chiedevo se valesse ancora la pena di salire a bordo di questa barca che appariva un po' acciaccata e indebolita dall'età. Oggi ci si deve domandare se questa barca non vada somigliando sempre più all'Arca di Noé. Che ne pensa il Papa? Possiamo ancora salvarci su questo pianeta con le nostre forze?

L'uomo in ogni caso non è in grado di dominare la storia a partire dalle proprie forze. Che l'uomo sia in pericolo e che metta in pericolo se stesso e il mondo, oggi è confermato anche da dati scientifici. Può essere salvato solo se nel suo cuore crescono le forze morali; forze che possono arrivare solo dall'incontro con Dio. Forze che oppongono resistenza. Per questo abbiamo bisogno di Lui, dell'Altro che ci aiuta ad essere quello che da noi non riusciamo ad essere; e abbiamo bisogno di Cristo che ci raccoglie in una comunità, che chiamiamo Chiesa.

In un passo decisivo del Vangelo di Giovanni, Gesù parla della volontà del Padre suo: "E io so che il suo comandamento è vita eterna". È per questo che Gesù è venuto al mondo?

Sì, senza dubbio. Perché diveniamo capaci di Dio e così possiamo entrare nella vita autentica, nella vita eterna. Infatti è venuto perché possiamo conoscere la verità. Perché possiamo toccare Dio. Perché la porta sia aperta per noi. Perché troviamo la vita, la vita vera, che non è più sottomessa alla morte.

APPENDICE

CRONOLOGIA DELLA VITA DI JOSEPH RATZINGER E CRONISTORIA DEL PONTIFICATO DI BENEDETTO XVI

Biografia di Joseph Ratzinger, fino all'elezione al Soglio Pontificio

1927-1937

Joseph Alois Ratzinger nasce il 16 aprile 1927, Sabato Santo, alle 4,15, a Marktl am Inn, distretto amministrativo di Alltötting. I genitori sono il Commissario di polizia Joseph Ratzinger (6 marzo 1877; + 25 agosto 1959) e Maria Paintner (8 gennaio 1884, + 16 dicembre 1963), figlia di un fornaio. Joseph è il loro terzo ed ultimo figlio, dopo Maria Theogona (7 dicembre 1921, + 2 novembre 1991) e Georg (15 gennaio 1924). Nel luglio del 1929 la famiglia si trasferisce a Tittmoning, nel dicembre del 1932 ad Aschau am Inn, dove Joseph Ratzinger comincia a frequentare la scuola. Dal 1937 la famiglia abita a Hufschlag presso Traunstein.

1937-1945

1937: Joseph comincia a frequentare il Ginnasio a Traunstein; 1939: entra nel Seminario Arcivescovile st. Michael a Traunstein.

1943-1945: presta servizio militare come ausiliare nei servizi antiaerei, nei servizi di lavoro e in fanteria. Dal maggio al giugno 1945 è prigioniero degli americani a Neu-Ulm. Nel 1945 consegue il diploma di maturità nel liceo Chiemgau a Traunstein.

1945-1951

Dal mese di dicembre del 1945 all'estate del 1947 studia filosofia presso la Scuola Superiore di Filosofia e di Teologia di Frisinga presso Monaco di Baviera. In seguito, studia teologia presso l'Università di Monaco di Baviera. Dall'autunno 1950 al giugno del 1951, frequenta il Seminario di Frisinga preparandosi all'ordinazione sacerdotale.

1951-1953

Il 29 giugno 1951 viene ordinato sacerdote a Frisinga, insieme con il fratello Georg, dal cardinale Michael Faulhaber. Luglio 1951: è sacerdote collaboratore a Monaco-Moosach (Parrocchia st. Martin). Dal 1° agosto 1951: è Cappellano a Monaco-Bogenhausen (Parrocchia Hl. Blut). Dall'ottobre del 1952 all'estate del 1954: è docente presso il Seminario di Frisinga e collaboratore in chiese di Frinsinga. Luglio 1953: consegue il dottorato in Teologia presso l'Università di Monaco (tesi "Popolo e Casa di Dio nella dottrina di sant'Agostino sulla Chiesa").

1954-1959

Dal semestre invernale 1954/55 è docente di Dogmatica e Teologia Fondamentale presso la Scuola Superiore Filosofico-Teologica di Frisinga. 1957: ottiene l'abilitazione all'insegnamento presso l'Università di Monaco in Teologia Fondamentale con la dissertazione: "La teologia della storia di san Bonaventura". 1958-1959: è professore straordinario di Dogmatica e Teologia Fondamentale a Frisinga.

1959-1963

Diviene professore ordinario di Teologia Fondamentale presso l'Università di Bonn. Il tema della prolusione: "Il Dio della fede e il Dio dei filosofi".

1962-1965

In occasione del Concilio Vaticano II è consultore teologico dell'arcivescovo di Colonia, cardinale Joseph Frings, e teologo ufficiale del Concilio (*Peritus*). È Membro della Commissione Dottrinale della Conferenza Episcopale Tedesca e della Pontificia Commissione Teologica Internazionale a Roma.

1963-1966

Diviene professore ordinario di Dogmatica e di Storia dei Dogmi presso l'Università di Münster (prolusione: "Rivelazione e tradizione").

1966-1969

Diviene professore ordinario di Dogmatica e di Storia dei Dogmi presso l'Università di Tubinga. Nel 1968 viene pubblicata la sua opera "Introduzione al Cristianesimo".

1969-1977

Diviene professore ordinario di Dogmatica e Storia dei Dogmi presso l'Università di Ratisbona. Nel 1972 insieme con Hans Urs von Balthasar, Henri de Lubac e altri fonda la rivista cattolica internazionale "Communio"; 1976/1977: è Vicerettore dell'Università di Ratisbona.

1977-1982

25 marzo 1977: viene nominato arcivescovo di Monaco di Baviera e Frisinga da Paolo VI, il 28 maggio riceve la consacrazione episcopale. Il suo motto episcopale è: "Cooperatores veritatis – collaboratori della verità" (secondo la Terza Lettera di Giovanni 3*Gv* 8). È anche professore onorario dell'Università di Ratisbona.

1978: l'anno dei tre Papi. Dopo la morte di Paolo VI (6 agosto) partecipa al Conclave che si conclude con l'elezione di Albino Luciani il quale diventa Papa Giovanni Paolo I; dopo la morte di Luciani (28 settembre) prende parte al Conclave in cui, il 16 ottobre, viene eletto Papa Giovanni Paolo II, al secolo Karol Wojtyła, arcivescovo di Cracovia, primo non italiano sulla Cattedra di Pietro dal 1523.

1981-2005

25 novembre 1981: viene nominato da Giovanni Paolo II Prefetto della Congregazione per la Dottrina della Fede, e quindi anche Presidente della Pontificia Commissione Biblica e della Pontificia Commissione Teologica Internazionale (partenza da

Monaco di Baviera e inzio di questo servizio a Roma nel marzo 1982).

1986-1992

Presiede la Pontificia Commissione per la preparazione del "Catechismo della Chiesa Cattolica" (presentato il 12 dicembre 1992).

1991: diviene Membro dell'Accademia Europea delle Scienze e delle Arti.

1992: è eletto Membro dell'*Académie des Sciences Morales et Politiques* dell'*Institut de France*, a Parigi.

1993: nel Collegio cardinalizio viene elevato all'ordine dei Vescovi e gli viene assegnata la sede suburbicaria di Velletri-Segni.

1998: dispone l'apertura al pubblico dell'archivio segreto di quella che era stata la Inquisizione. Viene eletto Vice Decano del Collegio Cardinalizio; riceve le insegne di commendatore della Legion d'Onore concessagli dal Presidente della Repubblica francese.

1999: Ratzinger firma la «Dichiarazione congiunta sulla dottrina della giustificazione» fra la Chiesa Cattolica e la Federazione Luterana Mondiale, la cui redazione aveva contribuito ad accelerare.

2000: viene pubblicata la "Dichiarazione 'Dominus Iesus' circa l'unicità e l'universalità salvifica di Gesù Cristo e della Chiesa"; dal 13 novembre 2000 è Accademico Onorario della Pontificia Accademia delle Scienze.

2001: sulla base di numerosi casi di abuso di minori da parte di chierici e dell'insufficiente operato rispetto ad essi da parte delle autorità ecclesiastiche, Ratzinger riceve la competenza su questa materia e la Congregazione per la Dottrina della Fede comincia a studiare 3000 casi; ne seguono norme esecutive in Vaticano (2001) e in Germania (2002).

2002: viene eletto Decano del Collegio Cardinalizio con l'assegnazione della sede suburbicaria di Ostia; partecipa all'Incontro mondiale di preghiera ad Assisi.

Nello stesso periodo adempie ad altri compiti nella Curia romana: diviene Membro della Sezione per i Rapporti con gli Stati della Segreteria di Stato, delle Congregazioni per le Chiese Orientali, per il Culto Divino e la Disciplina dei Sacramenti, per i Vescovi, per l'Evangelizzazione dei Popoli, per l'Educazione Cattolica, per il Clero, delle Cause dei Santi; diviene membro del Pontificio Consiglio per la Promozione dell'Unità dei Cristiani e di quello della Cultura, del Tribunale Supremo della Segnatura Apostolica, della Pontifica Commissione per l'America Latina, della Pontificia Commissione "Ecclesia Dei", della Commissione per l'Interpretazione autentica del Codice di Diritto canonico e della Commissione per la Revisione del Codice di Diritto canonico orientale.
Lauree ad honorem: College of St. Thomas and Paul, USA (1984), Università Cattolica di Lima (1986), Università Cattolica di Eichstätt (1987), Università Cattolica di Lublino (1988), Università di Navarra a Pamplona (1998), Libera Università "Maria Santissima Assunta" (LUMSA) a Roma (1999), Università di Breslavia (2000).

Cronistoria del Pontificato

2005

2 aprile: morte di Giovanni Paolo II.

8 aprile: quale Decano del Collegio Cardinalizio il cardinale Ratzinger officia le Esequie del Papa e presiede il successivo Conclave. Cinque milioni di persone assistono alla liturgia funebre in suffragio di Giovanni Paolo II rendendola probabilmente la più imponente manifestazione religiosa nella storia dell'umanità.

18 aprile: inizio del Conclave con l'ingresso nella Cappella Sistina dei 115 Cardinali Elettori; Ratzinger pronuncia il Discorso di apertura parlando del "Relativismo".

19 aprile: da un Conclave straordinariamente breve – durato solo 26 ore – Joseph Ratzinger esce come 265° Papa nella storia della Chiesa Cattolica Romana. Il nuovo Pontefice assume il nome di *Benedetto,* rifacendosi al fondatore dell'Ordine, Benedetto da Norcia, ma anche al precedente Pontefice con questo nome, Benedetto XV, il quale grazie alle sue iniziative a favore della pace durante la Prima guerra mondiale, fu chiamato "il Papa della pace". Benedetto XVI è il primo Papa dell'era moderna che nello stemma rinuncia alla tiara – simbolo anche del potere temporale della Chiesa – sostituendola con una più sobria mitra. Ma sarà anche il primo ad inserire nello stemma pontificio il *pallium* (portato anche dai Metropoliti).

24 aprile: Santa Messa per l'inizio del Ministero Petrino, in Piazza San Pietro, alla quale partecipano 500.000 pellegrini personalità civili ed ecclesiastiche. Benedetto XVI porta il pallio alla maniera ortodossa: una espressione di apertura e un riferimento al periodo antecedente lo scisma del 1054, quando la Chiesa d'Oriente e la Chiesa d'Occidente erano ancora unite sotto il Successore di Pietro.

29 maggio: Visita Pastorale a Bari a conclusione del Congresso Eucaristico Nazionale. Benedetto XVI sottolinea l'importanza centrale della domenica e dell'Eucaristia: "Senza la domenica non possiamo vivere".

9 giugno: incontro con i rappresentanti del Comitato Ebraico Internazionale per le Consultazioni Interreligiose.[10]

---

[10] Il Papa riceve settimana dopo settimana moltissimi Presidenti e Membri di governo. In questa cronaca, per motivi di spazio, si menzionano soltanto alcuni incontri di particolare rilievo. Vengono omessi anche gli innumerevoli incontri con sacerdoti, teologi, vescovi nelle visite *Ad limina,* gli incontri con il Corpo diplomatico, le canonizzazioni e le beatificazioni, i messaggi, le lettere, le feste liturgiche, le nomine, le visite ai malati, ecc.

16 giugno: incontro con il Segretario Generale del Consiglio Ecumenico delle Chiese, Rev. Dr. Samuel Kobia.

24 giugno: Visita di Stato al Presidente della Repubblica Italiana Carlo Azeglio Ciampi, nel Palazzo del Quirinale, a Roma. La visita era stata prevista da Giovanni Paolo II e intendeva essere un segno particolare di vicinanza fra Santa Sede e Stato Italiano.

28 giugno: *Motu Proprio* per l'approvazione e la pubblicazione del "Compendio" del Catechismo della Chiesa Cattolica.[11]

30 giugno: incontro con la Delegazione del Patriarca Ecumenico Bartolomeo I, in occasione dell'inizio del Pontificato.

18-21 agosto: Viaggio Apostolico a Colonia in occasione della XX Giornata Mondiale della Gioventù (GMG). *19 agosto*: visita alla Sinagoga di Colonia. È la prima visita di un Pontefice in una Sinagoga tedesca. *21 agosto*: Messa conclusiva della GMG a Colonia, con la partecipazione di oltre un milione di giovani.

20 settembre: Benedetto XVI concede un'intervista all'emittente televisiva polacca TVP; è la prima volta che un Pontefice accetta di dare un'intervista televisiva.

24 settembre: colloquio di quattro ore con Hans Küng, teologo di Tubinga e critico verso la Chiesa, al quale Giovanni Paolo II nel 1979 aveva revocato la *missio canonica*.

2-23 ottobre: XI Assemblea Generale Ordinaria del Sinodo dei Vescovi, dal titolo "L'Eucaristia: fonte e culmine della vita e della missione della Chiesa". Per la prima volta un Pontefice

---

[11] Per le pubblicazioni del Papa – le Lettere apostoliche come le Encicliche – è segnalata la data di firma e non quella di pubblicazione.

partecipa alla discussione di un Sinodo dei Vescovi. Inoltre, Benedetto XVI introduce il dibattito libero, così da confrontarsi sulle controversie con "salutare inquietudine".

7 novembre: incontro con il Presidente della Federazione Luterana Mondiale, vescovo Mark Hanson.

17 novembre: incontro con il Presidente israeliano Moshe Katzav, il quale invita Papa Benedetto a visitare la Terra Santa.

3 dicembre: incontro con il Presidente dell'Autorità Nazionale Palestinese, Mahmud Abbas, che invita il Pontefice a visitare la Palestina.

25 dicembre: prima Enciclica "Deus caritas est" ("Dio è amore"), in cui Papa Benedetto afferma che l'Amore è la dimensione centrale del Cristianesimo.

2006

18 febbraio: pubblicazione dell'Annuario Pontificio 2006, nel quale, per la prima volta, non compare più tra i titoli ufficiali del Papa quello di "Patriarca d'Occidente". La cancellazione del titolo è un gesto a favore del dialogo ecumenico con l'Ortodossia.

11 marzo: riforma della Curia con l'unificazione della guida del Pontificio Consiglio della Pastorale per i Migranti e gli Itineranti e del Pontificio Consiglio della Giustizia e della Pace, nonché l'unificazione della guida del Pontificio Consiglio per il Dialogo Interreligioso e del Pontificio Consiglio della Cultura.

20 maggio: incontro con il Metropolita Ortodosso-Russo Kirill.

25-28 maggio: Viaggio Apostolico in Polonia. *26 maggio*: visita al santuario di Jasna Góra a Czestochowa. *27 maggio*: visita alla casa natale di Giovanni Paolo II a Wadowice; incontro con 600.000 giovani a Cracovia. *28 maggio*: a Cracovia, celebrazione della Messa alla presenza di 1,2 milioni di fedeli; visita al campo di concentramento di Auschwitz-Birkenau. Questa visita originariamente non era prevista, ma il Pontefice volle che fosse inserita nel programma: "Non potevo non venire qui come Papa".

3 giugno: Celebrazione liturgica alla presenza di 350.000 membri dei movimenti ecclesiali e le nuove comunità in Piazza San Pietro.

8-9 luglio: Viaggio Apostolico a Valencia (Spagna) in occasione della V Giornata Mondiale della Famiglia: "La famiglia è un bene necessario per i popoli, un fondamento indispensabile per la società ed un grande tesoro degli sposi durante tutta la loro vita" (Discorso dell'8 luglio).

1 settembre: pellegrinaggio al santuario del Volto Santo a Manoppello (Italia).

9-14 settembre: Viaggio Apostolico in Baviera, con visita a Monaco di Baviera, Altötting, Marktl Am Inn (luogo di nascita del Papa), Ratisbona e Freising.

12 settembre: *Lectio magistralis* all'Università di Ratisbona. Una citazione dell'imperatore tardo-medievale bizantino Manuele II Paleologo, riferita al ruolo della violenza nell'Islam, scatena in tutto il mondo proteste organizzate dei musulmani; vengono danneggiate chiese ed una suora perde la vita.

15 settembre: dopo le dimissioni del cardinale Angelo Sodano, per motivi di età, nomina il cardinale Tarcisio Bertone nuovo cardinale Segretario di Stato.

19 ottobre: visita a Verona in occasione del IV Convegno Nazionale della Chiesa Italiana.

28 novembre – 1 dicembre: Viaggio Apostolico in Turchia.

28 novembre: incontro con il Premier turco Recep Tayyip Erdoğan.

29 novembre: incontro con il Patriarca Ecumenico Bartolomeo I, che ha un primato di onore nell'Ortodossia.

30 novembre: Celebrazione congiunta con il Patriarca Bartolomeo I nel giorno della festa di sant'Andrea, e firma di una Dichiarazione congiunta relativa all'avvicinamento tra cattolici ed ortodossi; incontro con il Patriarca armeno Mesrob II Mutafyan; visita della moschea del Sultano Ahmed a Istanbul, la seconda visita in assoluto di un Pontefice ad una Moschea.

13 dicembre: incontro con il Premier israeliano Ehud Olmert, per un colloquio sulla situazione in Medio Oriente e nel Libano.

15 dicembre: incontro con il Patriarca dei Copti, Antonios Naguib.

16 dicembre: lettera alla Cancelliera Angela Merkel, alla vigilia del vertice del G8 a Heiligendamm (Germania), nella quale il Papa chiede la cancellazione del debito per i Paesi più poveri.

2007

25 gennaio: incontro con il Premier vietnamita, Nguyen Tan Dung. È la prima visita in Vaticano di un Capo di governo vietnamita dalla presa del potere dei comunisti nel 1975.

22 febbraio: Esortazione apostolica post-sinodale "Sacramentum Caritatis" sull'Eucaristia fonte e culmine della vita e della missione della Chiesa.

13 marzo: incontro con il Presidente della Federazione Russa Vladimir Putin. Al centro dei colloqui, i rapporti tra la Chiesa Cattolica e la Chiesa Ortodossa Russa, nonché la situazione in Medio Oriente.

20 marzo: incontro con il Segretario Generale delle Nazioni Unite, Ban Ki-moon.

24 marzo: incontro in Piazza San Pietro con 80.000 membri e aderenti al Movimento ecclesiale "Comunione e Liberazione".

16 aprile: pubblicazione del 1° volume del libro "Gesù di Nazaret", nel giorno dell'ottantesimo compleanno del Papa.

21-22 aprile: Visita Pastorale a Vigevano, in Lombardia, diocesi italiana che Giovanni Paolo II non ha aveva mai visitato nel corso dei suoi quasi 27 anni di Pontificato; e Visita a Pavia, con pellegrinaggio del Santo Padre alla tomba di sant'Agostino.

4 maggio: incontro con il Presidente della Chiesa Evangelica tedesca, il vescovo Wolfgang Huber.

9-14 maggio: Viaggio Apostolico in Brasile.
9 maggio: Benedetto XVI definisce l'America Latina "il continente della speranza".
10 maggio: incontro con il Presidente Luiz Inácio Lula da Silva a São Paulo.
12 maggio: il Papa esprime il desiderio di andare a visitare la "Fazenda da Esperança", una struttura per il reinserimento sociale dei giovani, in particolare dei tossicodipendenti.

13 maggio: apertura della V Conferenza Generale dell'Episcopato Latinoamericano e dei Caraibi, ad Aparecida.

23 maggio: nel corso dell'udienza generale il Papa parla del suo viaggio in America Latina e accenna anche ai "crimini ingiustificabili" commessi nel corso della colonizzazione e cristianizzazione del continente.

27 maggio: Lettera ai cattolici cinesi, nella quale Papa Benedetto esorta i 12 milioni di fedeli, divisi in due campi, ad unirsi sotto la sua guida, ed esorta il governo cinese a riallacciare i rapporti diplomatici con la Santa Sede.

9 giugno: il Presidente degli Stati Uniti, George W. Bush, parla con Benedetto XVI della situazione nel Vicino e Medio Oriente.

11 giugno: Motu Proprio "De aliquibus mutationibus in normis de electione Romani Pontificis", circa alcuni cambiamenti nelle norme riguardanti l'elezione del Papa. Stabilisce che, in un Conclave, è richiesta la maggioranza dei due terzi per l'elezione del Sommo Pontefice, anche dopo 13 giorni di votazione (non essendo più sufficiente la maggioranza semplice come previsto dalla "Universi Dominici gregis" del 1996).

17 giugno: Visita Pastorale ad Assisi, in occasione dell'ottavo centenario della conversione di san Francesco.

21 giugno: incontro con il Patriarca Assiro, Mar Dinkha IV.

25 giugno: separazione della guida del Pontificio Consiglio per il Dialogo Interreligioso e del Pontificio Consiglio della Cultura.

7 luglio: Motu Proprio "Summorum Pontificum" sulla liturgia romana anteriore alla riforna attuata nel 1970. Con questa decisione, accanto alla forma utilizzata normalmente (*forma ordinaria*) del Rito Romano, si torna a permettere nella Chiesa quella che era la forma in uso fino al Concilio Vaticano II, la cosiddetta "Messa tridentina", come *forma straordinaria*, senza che sia richiesto – come era fino a quel momento – il permesso del Vescovo competente.

1-2 settembre: Visita Pastorale a Loreto, in occasione dell'"Agorà", un incontro con centinaia di migliaia di giovani italiani, in vista della GMG a Sydney.

6 settembre: incontro con il Presidente israeliano Shimon Peres.

7-9 settembre: Viaggio Apostolico in Austria, in occasione dell'850° anniversario della fondazione del santuario di Mariazell. A Vienna il Papa torna a parlare ancora una volta sulla cultura della domenica.

23 settembre: Visita Pastorale a Velletri, della quale Joseph Ratzinger, prima della sua elezione a Pontefice, è stato per dodici anni vescovo titolare.

8 ottobre: incontro con il Presidente del Congresso Ebraico Mondiale, Ronald Lauder.

19 ottobre: per la prima volta nella storia della Chiesa un Papa incontra ufficialmente alcuni rappresentanti dei Mennoniti.

21 ottobre: Visita Pastorale a Napoli, in occasione del XXI Incontro Internazionale per la Pace, al quale partecipano anche il Patriarca di Costantinopoli Bartolomeo I, l'Arcivescovo Anglicano di Canterbury, Rowan Williams, il Presidente della Chiesa Evangelica tedesca Wolfgang Huber, il Rabbino Capo israeliano Yona Metzger, nonché il Rettore dell'Università egiziana Al-Azhar, Ahmad Al-Tayyeb.

6 novembre: incontro con il sovrano saudita Re Abdullah, Custode dei luoghi sacri dell'Islam. È la prima udienza mai concessa da un Capo della Chiesa Cattolica ad un Sovrano saudita.

30 novembre: seconda Enciclica: "Spe salvi" ("Salvati nella speranza"), sulla speranza cristiana anche al di là della morte.

6 dicembre: incontro con i rappresentanti dell'Alleanza Battista Mondiale.

7 dicembre: incontro con il Presidente del Dipartimento per le Relazioni Ecclesiatiche Esterne della Chiesa Ortodossa Russa, Metropolita Kirill, che in seguito verrà eletto Patriarca della medesima Chiesa.

2008

5 febbraio: modifica della versione tridentina della "Preghiera per gli Ebrei" del Venerdì Santo, in una stesura teologicamente adeguata.

6 marzo: incontro con il Patriarca Ecumenico di Costantinopoli, Bartolomeo I.

15-21 aprile: Viaggio Apostolico negli Stati Uniti d'America ed alle Nazioni Unite.

16 aprile: incontro con il Presidente degli Stati Uniti, George W. Bush, alla Casa Bianca.

17 aprile: per la prima volta un Papa si incontra con uomini e donne vittime di abusi sessuali commessi da sacerdoti cattolici. Pubblicazione del messaggio del 14 aprile alle comunità ebraiche del mondo, in occasione della festa di Pessach (Pasqua ebraica).

18 aprile: discorso all'Assemblea Generale delle Nazioni Unite a New York. Al centro del discorso, il rispetto dei diritti umani; visita alla sinagoga Park-East a Manhattan.

20 aprile: preghiera per le vittime degli attentati terroristici dell'11 settembre 2001 a Ground Zero.

16 aprile: messaggio del Papa alla televisione russa.

2 maggio: incontro con una Delegazione di musulmani sciiti provenienti dall'Iran. La Santa Sede e teologi iraniani avevano in precedenza concordato una Dichiarazione congiunta sull'argomento: "Fede e ragione nel Cristianesimo e nell'Islam", secondo la quale c'è una concordanza sul fatto che fede e ragione sono "di per sé intrinsicamente non violente" e quindi non possono essere usate per atti di violenza.

5 maggio: incontro con il Primate degli anglicani, arcivescovo Rowan Williams di Canterbury.

8 maggio: incontro con il Patriarca Greco-Melchita di Antiochia, Gregorios III Laham.

9 maggio: Celebrazione ecumenica con il Patriarca Supremo e *Catholicos* di tutti gli Armeni, Karekin II.

17-18 maggio: Visita Pastorale a Savona e Genova.

13 giugno: incontro con il Presidente degli Stati Uniti George W. Bush.

14-15 giugno: Visita Pastorale a Santa Maria di Leuca e Brindisi.

21 giugno: Lettera Apostolica "Antiqua ordinatione", pubblicata solo in lingua latina. Il *Motu Proprio* fa riferimento all'ordinamento giuridico della Segnatura Apostolica.

28-29 giugno: apertura congiunta, insieme al Patriarca Ecumenico Bartolomeo I, dell'Anno Paolino.

12-21 luglio: Viaggio Apostolico a Sydney, in occasione della XXIII Giornata Mondiale della Gioventù.

17 luglio: incontro con rappresentanti del governo australiano.

19 luglio: Santa Messa nella Cattedrale di Saint Mary a Sydney, nel corso della quale il Pontefice chiede scusa per gli abusi sessuali su minori commessi in Australia da parte di sacerdoti cattolici. Riconosce la vergogna "che tutti abbiamo sentito a seguito degli abusi sessuali sui minori da parte di alcuni sacerdoti e religiosi in questa Nazione. Davvero, sono profondamente dispiaciuto per il dolore e la sofferenza che le vittime hanno sopportato e le assicuro che, come loro Pastore, io pure condivido la loro sofferenza".

20 luglio: Messa conclusiva a Sydney. Alla presenza di circa 500.000 persone, Papa Benedetto XVI esorta ad un rinnovamento della società e della Chiesa, ed incoraggia principalmente i giovani provenienti da tutto il mondo, ad agire responsabilmente rispetto al creato e alle risorse del pianeta.

21 luglio: incontro con uomini e donne che in gioventù sono state vittime di abusi da parte di sacerdoti.

7 settembre: Visita Pastorale a Cagliari in occasione della conclusione dei festeggiamenti per i 100 anni dalla proclamazione di "Nostra Signora di Bonaria" a Patrona della Sardegna.

12-15 settembre: Viaggio Apostolico in Francia.

12 settembre: incontro con il Presidente Nicolas Sarkozy a Parigi.

14 settembre: Santa Messa a Lourdes, alla presenza di circa 100.000 fedeli, in occasione del 150° anniversario della Prima Apparizione di Maria. Papa Benedetto XVI esorta i cattolici a rinnovare lo spirito missionario: volgendosi a Dio, l'uomo ritrova se stesso, dice il Papa.

4 ottobre: Visita di Stato al Presidente della Repubblica Italiana, Giorgio Napolitano, nel Palazzo del Quirinale.

5-26 ottobre: XII Assemblea Generale Ordinaria del Sinodo dei Vescovi, con l'argomento "La Parola di Dio nella vita e nella missione della Chiesa". Il Papa partecipa personalmente con una Relazione sull'interpretazione della Bibbia.

19 ottobre: Visita Pastorale al santuario della Beata Vergine del Rosario di Pompei.

6 novembre: incontro con i partecipanti al primo *Forum* cattolico-musulmano, il cui obiettivo è ridurre al tensione tra le due religioni.

9 novembre: a Roma Benedetto XVI commemora pubblicamente il 70° anniversario dell'inizio dei *pogrom* contro gli ebrei in Germania ("Notte dei cristalli") ed esorta ad "una profonda solidarietà con il mondo ebraico" e alla preghiera per le vittime. È dovere di ogni singolo opporsi all'antisemitismo e alla discriminazione, in qualsiasi forma ed a qualsiasi livello si manifestino.

13 novembre: incontro con il Presidente brasiliano Luiz Inácio Lula da Silva. Al centro dei colloqui la questione del miglioramento delle condizioni di vita delle fasce di popolazione socialmente emarginate.

2009

21 gennaio: Decreto per la revoca della scomunica ai quattro vescovi della "Fraternità S. Pio X", consacrati nel 1988 dall'arcivescovo Marcel Lefebvre senza mandato della Santa Sede. Tra i quattro c'è anche Richard Williamson, del quale viene resa nota un'intervista rimasta sino ad allora sconosciuta, in cui questi nega l'esistenza delle camere a gas naziste.

28 gennaio: nel corso dell'Udienza generale il Papa fa una dichiarazione sul caso Williamson, caso che ha generato scandalo nei mezzi di comunicazione. Il Papa esprime la sua "piena e indiscutibile solidarietà" con gli ebrei.

12 febbraio: incontro con i responsabili della "Conference of Presidents of Major American Jewish Organizations", nel corso del quale Benedetto XVI condanna l'antisemitismo e ribadisce con forza il rifiuto di qualsiasi forma di negazione dell'Olocausto.

10 marzo: Lettera ai vescovi della Chiesa Cattolica, nella quale il Papa affronta i malintesi e la discussione nati in relazione alla revoca della scomunica dei quattro vescovi della "Fraternità San Pio X", ammettendo degli errori nel lavoro dei mezzi di comunicazione del Vaticano.

17-23 marzo: Viaggio Apostolico in Camerun ed in Angola. Scopo del viaggio è portare a questo continente tormentato da guerre, malattie e carestie un messaggio di speranza e di conciliazione, e chiedere alla comunità mondiale giustizia per l'Africa. L'affermazione di Papa Benedetto XVI, che il problema dell'Aids non è risolvibile solo con i preservativi, scatena le critiche nella stampa mondiale.

28 aprile: visita in Abruzzo, nella zona colpita dal terremoto.

8-15 maggio: Viaggio Apostolico in Terra Santa.

8 maggio: incontro con il Re Abdullah di Giordania, nel Palazzo Al-Husseinye ad Amman.

9 maggio: visita della Basilica bizantina presso il Memoriale di Mosè sul Monte Nebo; incontro con Capi religiosi musulmani.

10 maggio: visita nel luogo del Battesimo di Gesù al Giordano.

11 maggio: visita al Memoriale dell'Olocausto, "Yad VaShem" a Gerusalemme, insieme al Presidente israeliano Shimon Peres. Nel suo discorso, riferendosi allo sterminio di sei milioni di ebrei durante il periodo nazista, Papa Benedetto dichiara: "Possano i nomi di queste vittime non perire mai! Possano le loro sofferenze non essere mai negate, sminuite o dimenticate!".

12 maggio: Benedetto XVI è il primo Papa nella storia a visitare la Cupola della Roccia al centro del Monte del Tempio; incontro con il Gran Mufti di Gerusalemme, Muhammad Ahmad Hussein; preghiera al Muro del Pianto.

13 maggio: incontro con il Presidente palestinese Mahmud Abbas, a Betlemme.

14 maggio: incontro con il Premier israeliano Benjamin Netanjahu a Nazaret. Santa Messa e visita nella Grotta dell'Annunciazione a Nazaret.

15 maggio: visita della Basilica del Santo Sepolcro a Gerusalemme.

24 maggio: Visita Pastorale a Cassino e all'Abbazia di Montecassino, fondata dal Patrono del Pontefice e Patrono d'Europa, san Benedetto.

19 giugno: inizio dell'"Anno Sacerdotale" proclamato da Benedetto XVI.

21 giugno: Visita Pastorale a San Giovanni Rotondo, al santuario del frate cappuccino Padre Pio, morto nel 1968 e canonizzato nel 2002.

29 giugno: terza Enciclica, l'Enciclica sociale "Caritas in veritate" ("La carità nella verità") sulle conseguenze della globalizzazione, della crisi economica e finanziaria e su un ordine economico più giusto, più umano e più improntato alla salvaguardia dell'ambiente.

2 luglio: Lettera Apostolica in forma di *Motu Proprio* "Ecclesiae unitatem", con la quale la Pontificia Commissione "Ecclesia Dei" – inclusa la sua competenza per i rapporti con i cattolici tradizionalisti, come ad esempio la Fraternità San Pio X – viene integrata nella Congregazione per la Dottrina della Fede.

7 luglio: Lettera Apostolica in forma di *Motu Proprio* per l'approvazione del nuovo Statuto dell'Ufficio del Lavoro della Sede Apostolica.

9 luglio: incontro con il *premier* australiano Kevin Rudd. Incontro con il Presidente sud-coreano Lee Myung-bak per un colloquio sulle conseguenze della crisi economica mondiale per i paesi più poveri e sulla situazione politica e sociale della penisola coreana.

10 luglio: incontro con il Presidente degli Stati Uniti Barack Obama. Al centro dei colloqui dell'udienza privata, la crisi economica mondiale, la situazione in Medio Oriente, la politica dello sviluppo in Africa e America Latina, nonché la lotta internazionale al commercio della droga. Verranno affrontate anche altre tematiche: la ricerca sulle cellule staminali, la bioetica e la questione dell'aborto.

17 luglio: breve intervento chirurgico alla mano destra, in seguito alla frattura del polso, conseguenza di una caduta del Papa nel corso delle vacanze estive in Val d'Aosta.

6 settembre: Visita Pastorale a Viterbo e Bagnoregio. A Viterbo ebbe luogo il più lungo Conclave della storia della Chiesa (1005 giorni); a Bagnoregio è conservata l'unica Reliquia di San Bonaventura.

26-28 settembre: Viaggio Apostolico nella Repubblica Ceca. Scopo della visita, a venti anni dal crollo della Cortina di ferro, è l'incoraggiamento della minoranza di fedeli nonché il richiamo alle radici cristiane della cultura di questo Paese, diventato prevalentemente ateo.

4-25 ottobre: seconda Assemblea Straordinaria del Sinodo dei Vescovi per l'Africa.

26 ottobre: Lettera Apostolica in forma di *Motu Proprio* "Omnium in mentem", per la modifica di alcune norme del Codice di Diritto canonico.

4 novembre: Costituzione apostolica "Anglicanorum coetibus" sulla creazione di Ordinariati Personali per gli anglicani che entrano nella piena comunione con la Chiesa Cattolica.

8 novembre: Visita Pastorale a Brescia e Concesio, terra natia di Papa Paolo VI.

14 novembre: incontro con il *premier* ceco Jan Fischer, sul Trattato UE di Lisbona.

21 novembre: incontro con l'Arcivescovo di Canterbury, Rowan Williams, Primate della Comunione Anglicana. Al centro dei colloqui le sfide che deve affrontare la comunità cristiana all'alba del terzo millennio.

3 dicembre: incontro con il Presidente della Federazione Russa, Dmitrij Medvedev, con l'annuncio ufficiale dell'allacciamento di rapporti diplomatici pieni tra Santa Sede e Federazione Russa.

2010

1 gennaio: esortazione ad un diverso atteggiamento verso l'ambiente: "Se vuoi coltivare la pace, custodisci il creato".

15 gennaio: lettera di Padre Klaus Mertes, Direttore del Collegio *Canisius*, a 600 diplomati di questo Liceo dei Gesuiti a Berlino, con la quale chiede scusa alle vittime di abusi commessi negli anni '70 e '80 in questa scuola berlinese. La pubblicazione della lettera porta alla rivelazione di ulteriori casi di abuso, avvenuti in altre istituzioni ecclesiastiche e non.

17 gennaio: Visita del Papa alla Sinagoga di Roma.

15-16 febbraio: incontro con 24 vescovi irlandesi per affrontare lo scandalo relativo agli abusi nella Chiesa d'Irlanda. Il Papa denuncia gravi errori da parte dei vescovi.

12 marzo: incontro con Robert Zollitsch, Presidente della Conferenza Episcopale Tedesca, per parlare dei numerosi casi di abuso in Germania.

14 marzo: visita alla comunità evangelico-luterana di lingua tedesca a Roma; Omelia nel corso della celebrazione del culto.

19 marzo: Lettera Pastorale ai Cattolici in Irlanda nella quale Benedetto XVI chiede perdono per gli abusi commessi in istituzioni cattoliche e per il comportamento a volte gravemente manchevole dei vescovi nell'applicare le norme; chiede, inoltre, non solo all'Irlanda, impegno per il chiarimento dei casi e per il superamento della situazione di crisi.

17-18 aprile: Viaggio Apostolico a Malta, in memoria dell'arrivo dell'apostolo Paolo sull'isola 1950 anni fa. Nel corso della visita, Benedetto XVI si incontra anche con vittime maltesi di abusi.

1 maggio: a conclusione della visita da lui richiesta ai "Legionari di Cristo", il Papa esorta ad un ampio rinnovamento spirituale e strutturale dell'Istituto.

2 maggio: Visita Pastorale a Torino in occasione dell'Ostensione della Sindone, del sacro telo di Cristo.

11-14 maggio: Viaggio apostolico in Portogallo, in occasione del decimo anniversario della beatificazione dei pastorelli di Fatima, Jacinta e Francisco.

13 maggio: Santa Messa nel santuario di Fatima: "Sono venuto a Fatima, per pregare, insieme a Maria e ai tanti pellegrini, per la nostra umanità, flagellata dalla sofferenza e dalla miseria".

20 maggio: concerto in Vaticano con la partecipazione dell'Orchestra Nazionale Russa e del Coro Sinodale di Mosca in onore del quinto anniversario del Pontificato di Benedetto XVI. Il concerto è un dono del Patriarca di Mosca Kirill, ed è considerato un segnale di riavvicinamento tra la Chiesa Ortodossa Russa e la Chiesa Cattolica.

31 maggio: invio di cinque alti visitatori in Irlanda, per affrontare lo scandalo degli abusi.

4-6 giugno: Viaggio Apostolico a Cipro.

5 giugno: incontro con il Capo della Chiesa Ortodossa, Chrysostomo II.

6 giugno: consegna dell'*Instrumentum laboris* per l'imminente Assemblea Speciale per il Medio Oriente del Sinodo dei Vescovi.

10-11 giugno: partecipa alla chiusura dell'Anno Sacerdotale in quello che probabilmente è il più grande incontro di sacerdoti della storia.

26 giugno: incontro con il Segretario Generale uscente della Federazione Luterana Mondiale, Ishmael Noko.

28 giugno: annuncio della creazione del "Pontificio Consiglio per la Promozione della Nuova Evangelizzazione".

4 luglio: Visita Pastorale a Sulmona, in Abruzzo, in occasione dell'Anno Giubilare Celestiniano, a 800 anni dalla nascita di Papa Celestino V, il quale dopo soli sei mesi di Pontificato si dimise.

2 settembre: incontro con il Presidente israeliano, Shimon Peres, per un colloquio sul processo di pace in Medio Oriente. Peres afferma che durante il Pontificato di Benedetto XVI i rapporti tra Vaticano ed Israele risultano essere "i migliori dai tempi di Gesù Cristo".

5 settembre: visita a Carpineto Romano, dove 200 anni fa nacque Papa Leone XIII, il quale rispose agli eventi della Rivoluzione industriale con la Dottrina sociale della Chiesa.

16-19 settembre: Viaggio Apostolico in Inghilterra e Scozia; prima visita di Stato di un Pontefice nel Regno Unito.

16 settembre: incontro ad Edinburgo con la Regina Elisabetta II, Governatore Supremo della "Church of England".

17 settembre: Celebrazione ecumenica nella Abbazia di Westminster, a Londra. *19 settembre*: beatificazione del convertito e cardinale John Henry Newman a Birmingham; è la prima cerimonia di beatificazione mai svoltasi sul territorio inglese.

3 ottobre: incontro con famiglie e giovani in Sicilia, a Palermo.

10-24 ottobre: Assemblea Speciale del Sinodo dei Vescovi per un confronto sulla situazione dei cristiani in Medio Oriente.

6-7 novembre: Viaggio Apostolico in Spagna.

6 novembre: visita a Santiago de Compostela in occasione dell'Anno Santo Giacobeo.

7 novembre: Santa Messa con dedicazione della chiesa e consacrazione dell'altare della *Sagrada Família* a Barcellona.

INDICE

SOMMARIO

PREMESSA 7

Parte I
I SEGNI DEI TEMPI

1. I Papi non cadono dal cielo 17
2. Lo scandalo degli abusi 37
3. La crisi: cause e opportunità 59
4. La catastrofe globale 69
5. Dittatura del relativismo 79
6. Tempo di conversione 93

Parte II
Il PONTIFICATO

7. *Habemus Papam* 105
8. Nei panni del Pescatore 119
9. *Ecumene* e dialogo con l'Islam 129
10. L'annuncio 149
11. Viaggi Apostolici 161
12. Il caso Williamson 173

Parte III
VERSO DOVE ANDIAMO?

13. Chiesa, fede e società 189
14. Il cosiddetto stallo delle riforme 201
15. Come avviene il rinnovamento? 215

16. Maria e il messaggio di Fatima 225
17. Gesù Cristo ritorna 231
18. Delle cose ultime 245

APPENDICE
Cronologia della vita di Joseph Ratzinger e cronistoria del Pontificato di Benedetto XVI 257

TIPOGRAFIA VATICANA